U0030250

Idea man

Idea man

暢銷
新版

國際
犯罪學專家
教你
分辨真偽、
立破謊言

掌握關鍵五步驟，
潛臺詞、微表情、肢體語言、文字漏洞，瞬間現形

HOW TO BECOME A HUMAN LIE-DETECTOR IN UNDER 60 MINUTES

DAVID CRAIG

大衛·克雷格——著　張璨文——譯

我要感謝妻子艾莉莎和四個孩子：卡翠娜、盧辛達、羅薩琳以及羅伊對我永不停止的支持，以及母親戴爾（靠自己努力的作家）對我的研究計畫大力協助。

特別感謝《生命聲音、影像與多媒體》（LEFTFIELD Sound, Vision and Multimedia）的布列特與夏奇拉．查爾斯夫妻，感謝他們的友誼與提供專業上的支持。

在此也感謝大天空出版社（Big Sky Publishing）的丹尼．尼夫，感謝他對本書的信任與投入。感謝黛安．伊凡斯為讓本書得以順利準時出版所做的一切努力與建議！

CONTENTS

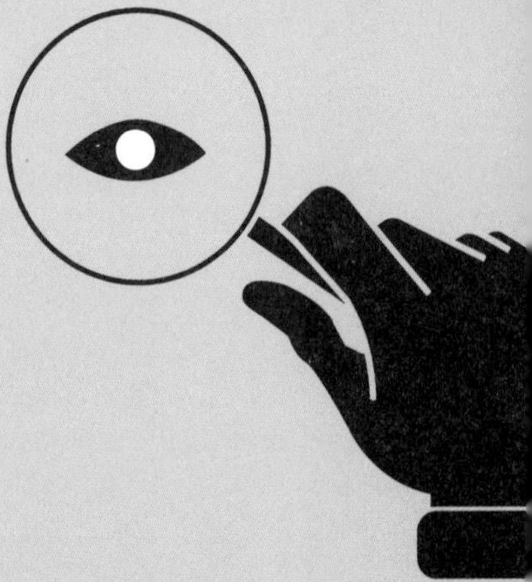

前言

本書之所以吸引你，可能是因為你想知道他人何時對你吐實，何時説謊。也或許是因為你曾在不知情的狀況下受騙，希望學習自我保護，避免未來重蹈覆轍。不管原因為何，本書都會幫你達成目的。

自從多年前開始研究測謊後，我發現已經有許多關於測謊的頂尖學術論文與教科書，但卻缺乏一本簡明易懂、提供相關知識與技巧的測謊指南，可以幫助讀者直接上手——因此我決定自己寫一本。

如果你要尋找做生意、談判、與人互動或購物時的心理技巧，那麼這本書非常適合你。懂得辨識謊言不代表要練習與邪惡共處，其實在這過程中，你會發現一些好玩、有趣的練習。試著挑戰你的朋友與家人吧，看看他們能否成功騙到你！

除了擁有超過二十年的犯罪學經驗，並在詐欺及其偵測方面擁有豐富的經驗外，我也曾花上數百小時探索一些關於測謊的優良學術作品，並對其理論架構進行研究。透過理論知識與實務經驗的結合，我方能將所有資訊化為這本實用的書籍，幫助讀者快速上手，在短時間內成為人肉測謊器。研究顯示，只要經過訓練與練習，大部分人都能快速提升測謊的成功率。而本書將會助你一臂之力。

如果你的時間有限，希望立刻進入主題，建議可依照本書的設計方式，跳過第一章「認識謊言」，直接進入第二章「辨識謊言」的實務部分。如果你決定要從實務部分開始，我會建議你，既然要練習第二章的內容，那不妨撥出時間來閱讀第一章，有助於你進一步了解欺騙的本質。

分辨他人真誠與否，是生活在二十一世紀中必備的重要技巧。不管你的年齡、性別或背景為何，本書提供所有你需要的工具，能幫助你成為百發百中的讀心高手。

祝你測謊愉快！

CHAPTER ONE

第一章

認識謊言

1-1 說謊是人類的天性

我們每天至少會說謊兩次。一般人在對話過程中，每十分鐘至少會出現三次謊言。

說謊的目的可分為：

- 為他人說謊；
- 為自己說謊。

無論是訛言、吹牛、誆騙、假話、彌天大謊、胡謅，全部意指「說謊」；我甚至還聽過美國總統候選人婉轉地以「口誤」來詮釋自己的「謊話」，我不確定「口誤」與「謊話」之間是否真能畫上等號，或許這也是候選人的一種謊言吧！

不管說謊的名堂與動機為何，每個人對謊言都有自己的定義，對於說謊行為也有不同的解釋。在我看來，**說謊的形式可以是肢體語言、口語陳述，或刻意省略部分內容，其目的都是為了「欺瞞事實真相」。**

舉例來說，有人會以行為欺騙他人，像是在店裡行竊時，竊賊可能在保全面前表現的與一般消費者無異，但一轉身就竊取架上貨品；在言語方面，亦可藉由增減特定詞彙來欺騙他人。上述兩例的欺瞞目的都在於刻意隱藏真相。

大多數人都認為說謊是不對的行為，也正是因為這種負面的聯想，當許多人被問到是否會說謊時，大家都說自己幾乎不說謊。在大部分的情況下，這個答案的準確性有待商榷。

目前有許多針對說謊頻率的研究顯示，我們每天至少會說謊兩次（一年七百三十次），而最近更有研究指出，一般人在對話過程中，每十分鐘至少會出現三次謊言。

羅伯特・費爾德曼[1]在麻薩諸塞大學的研究則取得中間值：在他所接觸到的對象之中，有百分之六十的人在對話過程中，每十分鐘至少會出現一次謊言。

對大多數人而言，這個數據非常驚人，幾乎令人難以相信。試想，被叫騙子對我們來說是多麼嚴重的指控啊。然而，撇開研究的對象或文化背景，即便針對人類說謊頻率的研究，結果不盡相同，但有一件事情是肯定的：世上無時無刻都有人在說謊。

大家第一次聽到這個事實時，第一個反應都覺得不可能。我也不得不承認，我第一次聽說此事時也很震撼，但唯有透過了解說謊的本質，這些數據才有意義，人們也才能接受說謊其實是人類互動過程中非常正常的一部分。一旦了解謊言的本質、有辦法判斷他人是否對你說謊，你才能推測對方謊言背後的真正動機。

廣義來說，謊言分成兩種：自我導向（self-focused）和他人導向（other-focused）。所謂為自己說謊，就是為了自己的利益而說謊；而為他人說謊，背後的目的通常是為了要幫助別人。

我們接下來先來討論「他人導向」而說的謊言，因為此類謊言通常是無害的，鮮少會傷害他人，或對別人構成威脅；另一方面，自我導向的謊言基本上都有明確目的，對被騙者會構成傷害或影響。接下來，本書將先概略介紹「為他人」而說的謊言本質，在稍後的章節中，亦會進一步檢視自我導向的說謊本質，以及該如何辨識。

他人導向的說謊

正如字面所示，「為他人」的謊言通常是出於善意、為他人利益而說，即便哪天被騙者察覺事實，也不會造成太大的傷害。這類謊言有時又稱「白色謊言」或「善意的謊言」，其動機是為了幫助或保護他人。

舉例來說，某天你遇到多年不見的好友，說：「從我們上次見面到現在，你幾乎沒變。」雖然事實是眼前的人早已發胖、白頭髮也變多，甚至看起來比實際年齡還蒼老，但不管怎樣，這個人是你的好友，見面是一件很開心的事情，你總不會想破壞氣氛、冷酷陳述眼前事實，說：「哇，你變胖好多，頭髮也白了，而且還剩下沒幾根，對了，你看起來更老了，不過看到你真開心。」若真如此，這大概也是你們最後一次見面了——沒有人時時刻刻都想聽真話的。

同樣地，你有朋友或同事生了一場大病，看到對方時，即便你很訝異看到對方的體重減輕許多，膚色也十分慘白，但你可能會覺得對方需要一點鼓勵，便選擇稱讚對方的氣色，這就是「為他人」而說的謊言。上述兩起案例都是為他人而說謊，是謊言，但都是出於善意。

類似的例子還包括在父親節時，爸爸假裝很開心收到另一雙襪子當禮物，或是媽媽謝謝四歲的小女兒為她準備好吃的蜂蜜沙丁魚三明治當午餐。

為了顧及發問者的心情，有些問題本身自然會讓人選擇回答（為他人而說的）謊言，例如：

「這樣穿屁股看起來會不會比較大？」

「你覺得我的新鞋好看嗎？」

「你覺得我是不是變胖了？」

生活中有些問題經常會出現，面對此類問題時，也很自然會回答（為他人說的）謊言，例如：「你好嗎？」、「最近過的如何？」、「家裡都還好嗎？」不管在什麼情形下被問到這類問題，答案通常是自然反射且具有正面意義的謊言，大部分人都會說：「很好。」、「還不錯。」、「一切都好。」當對方提出這類問題，除非是真心想知道，否則對方不會期待你鉅細靡遺地回答問題。

想像一下，兩名同事在辦公室走廊相遇，其中一人問對方：「嗨，最近還好嗎？家裡都好嗎？」假設對方真的老實回答說：「我還好，不過我有點頭痛，而且這雙鞋搞得我很不舒服。今早我跟我家那口子吵架，我們這幾天在冷戰。彼得學校功課還不錯，但他從來不會自己打掃房間，這點真的讓我很生氣。」

很顯然，這類的問題其實只是出於禮貌，向對方表示關心，但還不到需要仔細聆聽細節的程度，基於保護隱私，被問者通常也不會透露太多細節，或是將自己的煩惱加諸在對方身上。

在許多文化中，這類問題非常常見，回答者通常也會出於自然反應，以同樣正面的態度回應。

為他人而說的謊言不見得都是膚淺的內容、或僅基於社交禮儀所需，也不是只存在於和朋友或同事的互動過程之中，在必要的情況下，甚至可以為陌生人說謊。

舉例來說，路人看到一名神情痛苦、似乎需要幫助的婦人從家裡逃出來，到鄰居家尋求庇護，希望能逃離暴怒丈夫的毒手，如果丈夫詢問路人是否有看到他的妻子，目擊者為了保護該婦人，可能就會故意說謊，選擇指著反方向對婦人的丈夫說：「我看到她往那個方向跑了。」或是假裝什麼都沒看見。

目擊者在這起事件中也許不認識兩位當事人，但為他人說謊的原則依然存在：為了某人好或為了保護某人——在此案例中受益的對象是該名婦人。

事實上，這種謊言有其存在的必要性。這類謊言具有潤滑劑的作用，讓社會上的互動順利運轉，避免產生不必要的摩擦。雖然這類謊言具有善意的動機，但就定義上來說，因為是刻意要隱瞞真相，所以依然是一種欺騙行為。然而，你很難批評這類的說謊者，因為很多人都會這麼做。

現在，請回想一下先前提出的高度頻繁說謊數據。現在看來，每十分鐘就說謊一次，這樣的數據還算驚人嗎？如果你想親身測試數據的準確度，我建議你在接下來的一週，寫下「說謊日記」，不管謊言內容有多麼微不足道，每次都要清楚記錄下來。如果你誠實面對所有的謊言，你肯定會為自己的說謊次數感到詫異，並且深刻體認到謊言存在的必要性。

如果你還是無法相信，試著一整週都別說謊——這非常困難，而且你常會因為說實話而得罪別人。

希望本節內容能讓各位讀者對謊言有進一步的了解，並且知道人類頻繁說謊的原因，同時也要知道，說謊不全然是可恥的行為，尤其是為他人而說的謊言。

然而，下一節所要介紹的謊言類型，動機可能就不單純了。

為自己說謊

相較於為他人而說的善意謊言，為自己說謊往往是基於說謊者本身的利益，或是為了保護自己。

研究顯示，有百分之五十的謊言屬於此類。人們為自己說謊的動機可分為四種，包括：

- 避免尷尬；
- 製造好印象；
- 個人獲益；
- 避免受罰。

以下的案例有助於讀者辨識此類謊言。

避免尷尬

就為自己說謊的動機來看，這類謊言的傷害性最低。例如：

- 某人編造理由表示自己無法赴約，其實真正的原因是沒錢。
- 某人週末無所事事，卻告訴別人自己過得非常精采，純粹是想避免他人得知自己身邊沒有伴侶的窘境。
- 某人因為車子受損進廠維修，改搭大眾交通工具上班；對外宣稱的理由是「在市區很難找到停車位」，事實上是不願意承認自己撞車了。

在上述案例中，為自己說謊的動機是可以理解的，雖然曲解事實，但基本上不會傷害到旁人，或造成任何損失。

製造好印象

製造好印象是另一種為自己說謊的原因，也是常見的說謊動機；此類說謊者較缺乏安全感，認為有必要令別人加深印象。此類謊言的編造程度可深可淺，可能是稍微誇大，也可能完全與事實不符。

大部分的情況下，人們都會為事實「加油添醋」，補上一小部分的錯誤訊息，希望讓訊息接收者有更好的感受。另一種情況則是說謊者為了迅速取悅對方而編造出悖離事實的內容。這種情況比較少見，可能造成的傷害也較深。

這種謊言會出現在一對情侶剛開始約會，或是兩個獨立個體出現競爭關係，或是當某人對上一群人時，例如家庭聚會中的手足競爭，以及校友會上的成就競爭，謊言內容包括：

- 誇大個人薪資所得。

- 假裝認識名人，或與特定社會地位之人關係良好（攀關係）。
- 虛構個人成就，例如小孩的課業表現、運動成就或才藝專長。
- 浮報部屬人數，或是誇大工作規模及個人在組織中的重要性。

這類謊言對他人的影響程度因人而異，可能毫無不利影響，但也可能導致嚴重傷害，破壞人際關係，例如，假設一對伴侶的關係是建立在明顯錯誤的訊息上，後果則不堪設想。

在商場上，謊言可能導致財物損失，或使工作陷入困境，例如執行長或生意夥伴因為受説謊者的誤導而同意聘用或與之合作，無論是聘用或合作，可能都是需要付出鉅額代價的錯誤決策。這些例子說明了無論是商業互動或人際互動，學會如何判斷謊言的重要性。為了「製造正面印象」而說的謊言，有時背後原因更邪惡：增加個人獲益。

個人獲益

先前提過，製造正面印象的極端動機，與希望得到個人利益的想法都可能會造成傷害。為了個人獲益而說謊無疑是邪惡的行為，絕對要知道如何判斷。可能手段包括：

- 說謊者捏造需要你協助的假象，例如需要金錢援助。
- 散播關於競爭對手的錯誤訊息。
- 捏造求職申請資料或相關工作經驗（非常普遍）。
- 編造銷售紀錄或實際價值。
- 在買東西時，聲稱相同物品在其他地方的販售價格較低，藉此獲得折扣。

在社會團體中，某人可能會為了破壞他人的信譽而製造不實謠言，而你本人或許就是這類謊言的受害者。

在這種情況下，你有兩種選擇。首先，與團體中的其他人強調謠言中與事實不符的部分，如果成功的話，就可保住自己的名聲。

其次，你可以與製造謠言的可疑對象面對面，利用從本書中學到的謊言辨識技巧，迅速找出罪魁禍首。在其他類似的情況下，如果說謊者試圖告訴你關於他人的錯誤訊息，這些技巧就能幫助你平息謠言，因為你知道該如何迅速判斷真相。

在商業環境中，個人或公司想要獲利是稀鬆平常的事情，當事人有時會透過誇大訊息或公然說謊以達成目的。如果你所在的產業將「不惜一切代價獲利」奉為圭臬，那麼你或是你的公司就有可能成為這類謊言的受害者。因為聰明的說謊者會將錯誤資訊巧妙融入事實當中，懂得分辨事實與錯誤情報，你才能保護自己的商業利益——尤其在談判時，對方會誇大或輕鬆帶過某些重要訊息，藉此佔你公司的便宜。

本書將會教你如何判斷錯誤訊息，經過訓練，日後你所做出的決策會更可靠。

避免受罰

在為自己說謊的主要動機中，避免受罰是另一種常見的原因，一個人為了自我保護或避免承擔責任，都能快速編織謊言。跟所有說謊的原因一樣，這類動機涵蓋的範圍很廣，後果可大可小。

一個人為了避免受罰而說謊，嚴重程度通常與被抓到的後果成正比——後果越嚴重，謊言就越大、越極端，藉此避免受罰。

舉例來說，對朋友或同事隨口編個開會遲到的理由（例如塞車）很容易，基本上甚至可以不假思索脫口而出，就算他人識破謊言，也不會有嚴重後果，頂多只是感到不好意思罷了。但對於接受警察偵訊的殺人犯而言，其所編造的不在場證明或故事情節因為經過精心設計，通常會鉅細靡遺或過於誇大內容，因為被抓到的後果十分嚴重。

茲以下例說明為避免受罰而說謊的不同程度動機：

- 孩子在牆上寫字或弄丟東西，將責任歸咎他人。
- 對開罰單的員警編造理由。
- 車子被刮傷，對車主、自己的配偶或保險員解釋時，全盤否認知情，常會說：「肯定是我把車停在大賣場時被別的車撞到了。」
- 偽造商業記錄，藉此避稅。
- 跟別人在一起，對另一半偽報行蹤。

如果有人為了避免受罰，成功說謊騙過你，後果可輕可重，例如說謊者告訴你，是別人的問題，一旦你相信，可能就因此錯怪了無辜者。

要了解說謊的動機，首先得知道如何辨識謊言。**當有人向你提供資訊，你應該迅速評估對方是否有任何說謊動機。**若有，你就必須開啟自己的測謊雷達，開開始掃瞄對方的言語中（陳述內容與方式）與文字之外的蛛絲馬跡（對方的行為舉止）。

或者，如果你發現對方說謊，了解謊言背後的分類與動機將有助於你看清對方的心思，下次跟同一個人接觸時，你就會有心理準備，更能有效判斷對方說謊與否。

我們已經討論過為他人說謊（通常是為受騙者著想）及為自己說謊（為了說謊者的利益或保護說謊者）的各種動機，這兩種謊言的界線有時很模糊，但了解說謊背後的動機，有助於你迅速做出區分。

舉例來說，當老闆問你：「你喜歡在這裡工作嗎？」你要如何回答？如果你說喜歡，但事實上並非如此，那麼這屬於為他人說謊，為的是讓老闆滿意；如果你回答的動機不是為了取悅老闆，而是要贏得老闆的青睞，這就屬於為自己而說的謊言。當然，你也可以選擇說實話！

註解

1. Robert Feldman，美國著名社會心理學家，專精門研究人類說謊行為，曾任馬薩諸塞州立大學阿姆赫斯特（Amherst）分校社會行為科學院副院長以及心理學教授，美國心理協會（APA）以及美國心理科學協會（APS）會員。

本節重點

- 說謊是人類溝通過程中正常的一部分，不需總以負面看待。
- 人們經常說謊，在對話過程中，平均每十分鐘就會出現一次謊言。
- 有時後為了顧及他人的感受，並且促進人際互動，說謊有其必要性；但在某些場合，說謊也可能會毀了人與人之間的關係。
- 為他人而說的謊言，受騙者是特定對象，而且說謊者是出自好意，故又稱為「白色謊言」或「善意的謊言」。
- 為自己而說的謊言，受騙者可能是任何人，但說謊者通常是為了得到好處，或是為了保護自己。這類的謊言雖有少數情況無害，但也可能很陰險且具有傷害性。

1-2 人類有辨識謊言的本能

孩子從小（五歲左右）就透過學習獲得知識，藉此操弄他人的想法；換句話説，他們早就會説謊了。儘管孩子從小就具備説謊能力，但他們通常是天真的説謊者，很容易被大人識破。然而，隨著年紀增長，各種為自己或為他人所説的謊言不斷出現，騙人的技術也愈加成熟。接受經常説謊的事實後（通常是出於善意），我們是否也善於辨識謊言呢？

大部分人都高估自己判斷謊言的能力，不過你應該不屬於這類人，因為你手中拿的這本書，正是在教你如何辨識謊言。然而，説到要判斷一個人是否説謊，大多數人對自己的能力都明顯過於自信，認為如果是配偶或好友説謊時，自己一定可以看得出來。意外的是，現實情況通常並非如此。最主要的原因有二：**過度自信與親密感**。接下來就讓我來解釋。

由於和伴侶或好友的關係密切，人們「很自然」會變得過於自信，認為自己有辦法判斷對方是否說謊。這種假設是基於相信自己與伴侶的親密度勝於他人，因此能輕易判斷是否有說謊跡象。有鑑於人性出於本能會願意相信自己所愛之人所說的話，這種假設無助於辨識謊言。可以理解的是，在一段親密關係中要保持客觀並不容易，更別提要時時評估判斷對方是否在說謊。一方面你想要相信對方的忠誠，另一方面又過度自信，基於這段關係的親密度，你認為判斷對方說謊與否應該不困難。兩種因素的結合，會導致在一段關係中的當事人忽視了明顯的線索，而看出異狀的往往是局外人。

本書稍後會進一步討論，如果你想成為辨識謊言的專家，就必須定期練習特定技巧。畢竟在孩子的成長過程中，家長不可能時時刻刻懷疑孩子，或對他們的言行始終抱持懷疑態度。同樣的，在一段親密關係中，不停評估、懷疑對方所說的話也無益於雙方關係。基於上述兩點，我們面對所愛之人時，往往就會關閉自己的「測謊雷達」，等到不得不開啟我們的測謊雷達時，反而是處於不利的狀態，因為我們沒有妥善練習該如何判斷伴侶或好友是否說謊的跡象，反倒是局外人往往比當事人更容易察覺謊言。為什麼？因為他們無須克服親密感與自信度的因素，並且能保持客觀立場，因此在判斷他人是否說謊時，更能準確看出線索。

你有沒有見過夫妻其中一方說謊時，你明明看出明顯的破綻，但另一方卻始終無法察覺？同樣的，你或許也聽過某人在一段關係裡被非常明顯的謊言欺騙後，說：「我沒想到會發生這種事。」在一段關係或友誼結束後，你可能在回想之前發生的特定事件時，才意識到或許對方在這段關係中並不如你想的誠實。

在一段關係結束後，之所以能更清楚的評估事實真相，是因為你心中的自信與親密感已經漸漸消失，甚至不復存在。往往在一段關係結束後，由於一方的不忠，清白的另一方便能更客觀看待先前謊言的破綻。這些隱藏在親密與自信背後的謊言，其實一眼就能看清。

家長通常認為自己肯定能察覺孩子的謊言。如果孩子還小，這一點當然無庸置疑。不過，隨著孩子年齡增長，說謊的技巧也會愈來愈好，等到他們一過十五歲，要察覺他們口中的謊言就難了。家長必須知道，儘管大人有很長的時間可以觀察孩子的言行舉止，進而拆穿他們的謊言，但孩子也同樣有很長的時間可以觀察父母的行為，並且複製每次成功說謊的經驗。如此一來，孩子便能修正並發展行為模式，等到長大後，他們就有豐富的資料庫，裡面存滿了先前為了獲得想要的事物、或者為了避免受罰而精熟的說謊手段。

我不是要懷疑孩子的善良本性，或是在雞蛋裡挑骨頭，只是所有人的成長過程都經歷過相同的事情，大部分人也無法否認自己曾對父母說過謊，並且在某個階段總能成功逃過懲罰。

但父母也不是完全沒辦法。不管孩子多大，只要能善加觀察孩子的細微情緒反應，還是有辦法識破他們的謊言。

舉例來說，孩子可能犯下嚴重錯誤，覺得非常愧疚或害怕後果（情緒反應）。發生這種情況時，高度情緒反應會引發交感神經反應，引起明顯的說謊特徵，例如逃避眼神接觸與坐立不安。

不管孩子變得多會欺騙，如果後果或懲罰非常嚴重，身體反應就會透露一切，這種謊言就很容易識破。另一方面，如果孩子撒小謊，他們知道就算父母發現，應該也不會太失望或生氣，而且懲罰也不會太重。在這種情況下，因為謊言本身沒有附帶太多情緒，要找到孩子說謊的線索就比較難。

雖然家長一直教孩子要說實話，但有一派心理學家認為，孩子對父母說謊很正常，因為這是成長過程中獲得自主權與學習獨立的必經過程。這一點或許沒錯，但父母也可以稍感安慰，因為在大部分的情況下，都還是能看出孩子扯謊的端倪。稍後我將提供一些技巧，幫助父母在與孩子的互動過程中辨識謊言。如果你是當父母的人，我建議你把這本書藏起來，別讓孩子發現！

如果大多數人都高估自己判斷謊言的能力，在沒有受過訓練、沒有特殊技巧和知識的情況下，我們到底有多擅長「自然」發現謊言？研究顯示，雖然人們普遍高估自己的能力，但其實我們並沒有那麼厲害。

事實上，人們面對謊言時，只有百分之五十的機率能成功判斷謊言。這不是因為我們的謊言很完美，而是**百分之九十的謊言都有明顯破綻**，可能是言語上，也可能是行為方面。有趣的是，研究也發現，放眼全世界，**辨識謊言的能力並不會因為性別、年齡與社會地位而有不同**；無論性別與年齡，我們「很自然」就是不擅長辨識謊言。

弔詭的是，在正常的人際互動中，人類似乎一直需要說謊，而且是本能的長期說謊，有些謊言是可以理解的，有些謊言則帶有惡意或是自私的目的，儘管如此，我們還是非常拙於辨識週遭的謊言。

更奇特的是，人們總認為自己生命中最重要的人一定是最誠實的人。或許可以假設是因為人類自認高度、重視誠信，所以定能感受到謊言的存在與否，更甚者認為人類辨識謊言的能力會隨著演化過程，變得跟說謊功力一樣好。然而事實並非如此。

為何我們擅於說謊，卻不擅辨識謊言呢？保羅・艾克曼教授對此提出了有趣的看法，由卡爾・萊特曼為主角的電視劇《別對我說謊》（*Lie to me*）即以艾克曼教授的故事為藍本。

總結來說，艾克曼教授認為，祖先的生活環境是由小群體共同生活，關係十分緊密，鮮少有私人空間，因此人們不會時刻做好要評估或觀察他人是否說謊的心理準備。舉例來說，如果在小團體中發生通姦行為，由於缺乏隱私，「被發現」或是「被他人看到」的機率就很高，這種情況根本不需要對他人進行的心理評估便能判斷當事人是否說謊。

艾克曼教授認為，在古時候說謊，可能會人頭落地，在這種環境下，一來說謊被抓到的後果很嚴重，二則缺乏隱私，被抓到的機率很高，因此人們說謊的機率就比較低。這麼看來，是人類演化的歷史背景教我們不需要努力去抓別人說謊與否，因為缺乏隱私，謊言很容易被拆穿，而且因為後果嚴重，說謊的機率也跟著降低。或許演化過程也教會我們，要說謊的話，那就最好當個說謊高手，把謊編得漂亮。

在二十一世紀社會中，個人隱私受到嚴密保護，因此要發現或不小心看到他人的詐欺行為機率大幅降低。

以現今快速成長的網路犯罪為例，受害者無論是個人、銀行或企業，幾乎都沒見過主嫌或與其有任何互動。早期拿假支票到銀行兌現，嫌犯還得在銀行露臉，行員至少還有機會察覺異狀，而且即便是要搶銀行，搶劫犯也得到銀行走一趟！

而今，竊取信用卡號碼已經不是難事，要把個人銀行存款轉入詐騙集團手中更是輕而易舉；某些年輕的網路竊盜犯會利用加密電腦入侵城市各地的免費公共網路，犯罪後卻無跡可尋。受害者若要尋回贓款，通常需透過交易記錄追蹤，找出犯罪發生的地點以及使用特定公眾網路的使用者等等。然而，受害人很快就會發現，他們所需的一切資料目前都受到隱私保護政策與法律所保障。

當然，執法機關還是有權調查與犯罪相關的資訊。我並不是要反對保護隱私（恰好相反），但這些例子都顯示出社會對個人隱私的重視程度遠超過數千年前的情況。打從人類祖先出現在地球上至今，情況已經大不相同，當年因為缺乏隱私而無需懂得辨識謊言技巧的情況，如今也不復存在。

在現代社會中，撒謊的後果或許不若幾千年前那般嚴重，說謊者就算被抓到，也能輕易換新工作、換伴侶、換電話號碼、搬家，甚至是改名換姓以逃過懲罰。即便是嚴重的犯罪行為（利用詐騙做為商業手段），在二十一世紀的法律與自新政策保護下，透過法院命令，便能禁止公開犯罪者的姓名，並允許他們在被釋放後改名換姓，重新開始，完全不受先前犯罪所影響。

我舉這些例子並不是要批評自新政策，而是想強調現在的社會情況是對說謊者有利，有更多機會說謊，但付出的代價卻越來越低，因此我們更需要具備敏銳的謊言辨識技巧。很明顯，生活在二十一世紀的人類需要快速的進化再進化。

人類剛開始進化時，鮮少有人說謊，如果要說，就得把謊話說的漂亮。但當時也因為缺乏隱私，謊言容易被揭穿，自然不需要高明的謊言辨識技巧。

要調整演化不平衡的狀態，提升謊言辨識能力，可以透過增加知識與加強技巧練習——現在在閱讀本書的你就已經在做了。若能吸取更多知識並將其運用在現實生活中，辨識謊言的準確率可以高達百分之八十。希望在閱讀完本書之後，你能夠輕鬆識破謊言。

總結來說，因為在演化過程中，人類（擅於）說謊與（不擅於）辨識謊言的能力有著極大的落差。然而，大部分的人都可以透過獲取額外知識與練習來大幅改善與發展個人的謊言辨識技巧。當你與不擅長辨識謊言的人互動時，你就佔了上風。在二十一世紀的人際與商業互動中，擁有判斷他人是否誠實相待的心理技巧是一項優勢。你正朝此方向邁進。

雖然本書主要目的是提升個人的測謊技巧，但我不建議你時時刻刻開啟「測謊雷達」。在我看來，我們的人生經常需要說謊，但大部分的謊言都是無害的。我認為，如果要不停懷疑所接觸到的每個對象，這不是一種健康的生活方式，也不會是一個正常人想要的生活方式。

如果時刻懷疑他人，生活中會產生兩種負面效果：首先，增加對人生憤世嫉俗的態度，很難與他人建立起親密感、享受信任的人際關係；其次，辨識謊言的成功率也會降低。相關研究顯示，調查員對詐騙很難做出正確判斷的主要原因之一，是因為他們只想找到證據證明犯罪行為，並以懷疑、有罪的主觀態度來面對嫌犯；這種作法會影響客觀判斷，也會錯失重要的非語言線索。

另一方面，一個準確度較高的謊言偵測者會以純粹客觀的角度與他人打交道，同時評估所有語言類及非語言類的線索，以清晰的思緒評估一切。

除此之外，我相信，**如果一個人不需無時無刻處於辨識謊言的狀態，當他們開啟「測謊雷達」時，專注度與效果會更好。**雖然我不認為大家需要時刻開啟「測謊雷達」，但這的確是一件非常重要的工具（當有需要時），不僅保護自己，也能保護你做生意的對象，或是人際關係中的其他人。一旦你開啟「測謊雷達」，馬上就能進行判斷。

稍早前曾提過，人類天生就不擅長偵測謊言，至少肯定不如自己想的那麼厲害。如果是對測謊的外行人來說，這或許可以理解，但如果是社會中必須經常面對謊言的從業人員，例如警察、法官、律師和精神科醫師，那又該如何解釋呢？意外的是，有兩項獨立進行的可靠研究顯示，上述特定行業的從業人員在辨識謊言的成功率不到一半。

事實上，由克勞特和博伊[2]所做的一項完整研究發現，美國海關人員在偵測詐欺行為的準確率並不會比大學生還高。

這結果的確讓人大吃一驚，畢竟在社會大眾的認知裡，海關人員負責保護國家邊境，有責任評估、判斷每一個進入國土之人的身份。如果由大學生來取代海關人員，負責評估每個進入自己國家的人，實在不太讓人放心，但如果依照此一研究結果來看，其實效果並不相上下！

由艾克曼教授和莫琳．歐蘇利文博士所做的研究指出，在測試過特務、測謊員、調查員、法官、精神病專家與大學學生後，受測者辨識謊言的準確率大部分皆為百分之四十到六十，這是一般人「正常」的準確判斷率，但其中有一組受測對象的表現明顯優於其它人——接受測試的美國特務中，有過半的人，準確率高達百分之七十。

特務組的表現明顯優於其他人，可能是因為這項工作涉及貼身保護某些重要政府官員的責任。在此角色中，他們必須不斷掃瞄群眾，辨識可能傷害或威脅到其保護對象的可疑行徑。透過不斷觀察他人行為，專注偵察威脅線索，他們發展出辨識非語言類的謊言。簡單來說，他們透過觀察技巧，發展出辨識一個人可疑與否的技能。我也曾有機會做過類似事情，持續評估他人一段時間後，直接與對方面對面時，我就能迅速做出判斷。持續觀察非語言類的行為，有助於提升迅速判斷他人意圖的能力。

評估非語言類線索的能力會大幅提升謊言辨識的準確度。研究顯示，相較於準確率較低的謊言辨識者，準確率較高的人通常會觀察多方訊息。最主要的差別在於準確率較高的判斷者，在評估過程中會同時觀察語言類及非語言類的行為表現，而做出錯誤判斷的人往往只注意語言上的訊息，取決於他們所聽到訊息來判定一個人是否說謊。一個準確的測謊者會結合他們所聽、所見的完整訊息後才進行判斷。

市面上有許多關於肢體語言的書籍，有些是由知名的學者或專家所撰寫，有些作者知名度或許沒那麼高，但不管怎樣，這些書籍都有一個共通點——都認為非語言類的行為（做了什麼）對於溝通的影響程度遠超過語言（說了什麼）本身。

目前已經有許多有關人類使用語言及非語言類訊息做為溝通媒介的比例研究。有些研究認為，在溝通過程中，非語言類的訊息高達八成，但我對此數據仍持保留態度。亞伯特・麥拉賓曾以肢體語言為主題、進行大規模研究，其所得結果更可靠，且受到其他相關研究結果的支持。

麥拉賓發現有百分之五十五的溝通都是靠非語言的方式（身體如何擺動），百分之三十八是靠聲音（怎麼說），只有百分之七才是純粹靠語言內容（說了什麼）。根據此項研究及其它相關研究結果清楚顯示，人類在溝通過程中所運用的非語言行為（百分之五十五）多過語言行為（百分之四十五）。如此說來，若想成功辨識謊言，是否也該注意語言之外的訊息呢？

先前提過，美國特務人員在辨識謊言的準確度高於其它人，原因之一就是經常練習、準確判斷非語言類的行為。要強化此概念的論點，我們可以看看另一項以失語症者與健康普通人的比較實驗結果：失語症是因左腦受傷，導致完全或部分喪失理解口語表達或文字的功能，這項研究是以完全無法理解句子意義的失語症者與大腦正常運作的普通人為實驗對象，而前者必須完全依賴音調及非語言類行為判斷訊息。

健康組的評估過程是依照聽到的內容、表達方式，加上觀察非語言類的行為判斷訊息；失語組因為無法理解所聽到的內容，因此只能依照他人的表達方式及非語言類行為進行判斷。實驗結果出乎意料，失語組在辨識謊言的準確度明顯較高。失語組明顯只能憑藉所見的行為與表達方式判斷他人說謊與否，儘管從邏輯上來看，說話的內容更為重要，但此一研究結果證明，表達方式以及觀察非語言類行為也是同等重要。

或許這也解釋了為何法官在此實驗中的表現平平。在法庭上，擺出來的證據、白紙黑字的陳述內容、現場重建以及宣誓過的證詞才算證據。除此之外，從實質證據的角度來看，法庭上最關鍵的是陳述內容，而非陳述方式。就算在法庭上，當事人在評審團（或法官）的眼中看起來有罪，但他的陳述方式無法當作證據，行為表現也無法證明什麼。

因此，或許我們也可以理解，為什麼法官會特別注意眼前的實質證據，並且仔細聆聽當事人所說的一字一句，而不是關注陳述方式或其它非語言類的行為表現。儘管法官可能會對證人或被告有個人意見，但就專業度來看，法官更關心的是實質證據，這才是判決的重點。在這種情況下，他們不擅長以非語言類的行為來評估某人是否說實話。這也合理說明為什麼法官在實驗中的表現與普通人無異。

至此可以確認，在沒有接受謊言辨識訓練的前提下，各行各業的人幾乎都不擅長辨識謊言。然而，我們的社會上有極少數人不在此限，就是那些所謂的「測謊奇才」。

在我們的社會裡，只有極少數的測謊奇才在判斷謊言方面有極高的準確率。先前提過，普通人判斷謊言的準確率約為百分之五十，經過訓練，準確率可提高至百分之八十。然而，測謊奇才在沒接受訓練的前提下，天生就具備謊言辨識能力，準確度超過百分之八十。

但這種人非常罕見，每一千人中大概只有兩人。歐蘇利文博士曾針對測謊奇才進行大規模調查，發現這種人有男有女，教育程度背景也大不相同。測謊奇才無關性別或教育程度的發現令人振奮，因為這代表人人都有機會成為高準確度的人肉測謊器。

目前已有許多關於測謊奇才為何能準確辨識謊言的說法，包括在不健全家庭或暴力家庭中成長的測謊奇才，因為從小就得透過非語言類的溝通方式判斷威脅的存在與否，以及從小透過本能動機或其他方面的興趣（例如畫圖或素描），發展出看人臉色與反應的技能。

不管他們是如何獲得辨識謊言的能力，大部分研究都有一項共通點：測謊奇才基本上都是透過非語言類線索進行判斷，其中又以臉部表情最為關鍵。雖然這群人具有高度完善發展的能力，可以察覺到微表情（Micro- expressions）以及在一般人眼中非常不明顯的微妙特徵。微表情意指在極短時間裡（二十五分之一秒），臉上所顯現的情緒。詳細內容請見下一章。

目前的證據顯示，測謊奇才是需要透過長時間的學習並且發展相關技能，並非天生就有此能力。歐蘇利文博士發現，每個測謊奇才的背後都有不同的動機，他們想要把事情做對，因此就會像運動員般不斷練習技能。至此，讀者應該能稍感安慰，因為事實證明，只要透過增加知識與練習，人人都有機會提高辨識謊言的準確度。

如果你是測謊奇才，這本書對你的幫助就非常有限。但是如果你想變成測謊奇才，只要密集練習，肯定就能上軌道。雖說測謊奇才非常罕見，但我很肯定以前教過我的老師們個個都是測謊高手，每次只要我一犯錯，他們總是能察覺，當時不管我做什麼都會被罵，當下真的覺得很不公平！如果不巧你的小孩是測謊奇才，或許你就可以不必再告訴他們耶誕老人或復活節兔子的傳說，不過下次你玩撲克牌吹牛遊戲時，或許可以考慮邀請他們加入！

註解

2. 克勞特（Kraut）和博伊（Poe）為心理學家，於 1980 年曾發表與人類欺騙行為有關的研究。

為他人說謊：出於好意
「我穿這件褲子，屁股看起來會很大嗎？」

為自己說謊：避免尷尬
「我的生日派對很成功，大家都來了。」

為自己說謊：製造好印象
「我的另一台車是藍寶堅尼。」

為自己說謊：個人獲益
「我在這個領域的經驗豐富。」

本節重點

- 人類天生就擅長說謊，但卻不擅於辨識謊言。大部分的人在沒有經過訓練的前提下，即便是經常需要判斷謊言的專業人員，正確率也只有百分之五十。
- 若具備特定知識（本書內容）加上練習（自行進行），謊言辨識的準確率可高達百分之八十。
- 如果你經常使用個人的測謊雷達，謊言辨識技巧也會愈加熟練。但是，你不會想要時刻處在懷疑狀態。如果你能在需要時才適時使用此一能力，在使用技巧過程中才會更加專注。
- 有一類人是特殊的人肉測謊器（又稱測謊奇才），他們不需經過訓練，就具備高度準確判斷謊言的本能，準確率高達百分之八十以上。

- 大部分的人都認為自己可以輕易察覺配偶、小孩或好友是否說謊，但事實並非如此，主要原因有二：過度自信（因為太熟悉對方，以為肯定能看出異狀）與親密感（人性天生相信在情感上親密連結的人）。這兩點會導致一個人在一段親密關係中失去客觀性，進而忽視明顯的線索。
- 研究顯示，溝通過程中有百分之五十五的訊息是透過非語言行為（肢體動作或反應）進行，百分之三十八是透過聲音（表達方式），而只有百分之七是純粹透過語言文字（說話內容）。儘管在辨識謊言的過程中不應完全忽視說話內容，但溝通過程中的表達方式以及說話者的肢體動作與反應更加重要。
- 僅憑說話內容做出判斷非常不可靠。準確的謊言判斷者會同時評估說話內容以及過程中所觀察到的一切細節。

CHAPTER TWO

第二章

辯識謊言

如果你已經讀完第一章，現在對謊言的本質與動機應該有基本的了解，接下來第二章將為各位介紹理論知識，最後再實際練習如何辨識謊言——這也是最有趣的部分！

如果你跳過第一章，選擇直接從此處開始閱讀，那麼第二章將會先介紹一些非常基本但不可不知的理論，然後才開始練習如何辨識謊言。

第一章解釋過為何當他人提供你訊息時，你需要迅速判斷對方是否有說謊動機；如果對方有說謊動機，你就得趕緊開啟測謊機制，也就是所謂的測謊雷達，然後開始掃瞄對方的語言特徵（說話內容與表達方式）和非語言特徵（說話者的行為舉止）。

如果你是個沒耐心的人（跟我一樣），可以的話，請不要直接閱讀本章中的「說謊特徵」一節，因為本章前半段的理論部分，將大大有助於你提升測謊的準確度。

2-1 說謊後的反應

了解說謊後的反應將能大大幫助你發現辨識謊言的線索，看看說謊後所出現的反應究竟是刻意的，抑或是潛意識的自然反應。

當一個人說謊後，生理與心理都會產生一連串反應，有些是出於緊張或反射動作，有些則是為了掩飾謊言而刻意做出的舉動。

普遍來看，說謊後的反應可分為三階段：

- 第一階段：情緒反應（Emotional Response）
- 第二階段：交感神經反應（Sympathetic Nervous Response）

• 第三階段：認知反應（Cognitive Response）

第一階段：情緒反應

人類説謊後會進入情緒反應階段，面對自己做過的事情。如果謊言無傷大雅，或是説謊者已經在不同場合説過同樣的謊都沒事，又或是很熟練的説謊者，通常只會出現輕微程度的情緒反應，而後續兩個階段的反應也不會太大。這種情況下很難準確判斷對方説謊與否，但也並非完全看不出來。

然而，如果一個人説的是漫天大謊，或是之前沒有練習過，又或者是謊言一旦被戳破，後果會非常嚴重的情況下，情緒反應就會很明顯。說謊者會有罪惡感、恐懼與壓力，有時甚至很亢奮，這些都是一個人在意識到自己究竟做過什麼事情、以及該行為所需付出代價的反應。在這類情況下，說謊者的反應很快會進入第二階段。

第二階段：交感神經反應

如同字面意義所示，這是神經系統對情緒反應的回應。

如果說謊者在說謊後的情緒充滿罪惡感、恐懼、壓力或亢奮，神經系統自然會出現「戰鬥或逃跑」的本能反應。

就本能反應上來看，說謊者會因此釋放出腎上腺素做為因應，這很容易就會被察覺，有時這也稱做「說謊線索」（deceit clues），最明顯的例子包括**敲手指**、**坐立不安**、**語速加快**以及**眼神飄忽不定**。

當說謊者的反應進入第二階段後，你的「測謊雷達」就應該有所行動，好好觀察對方。

第三階段：認知反應——對策

說謊者意識到交感神經的反應後，會進入到認知反應階段，並從心理與生理

兩方面產生因應對策，目的在於隱藏說謊線索。

舉例來說，說謊者為了隱藏發抖的雙手或坐立不安的表現，通常會盡力控制、想辦法隱藏線索，避免被發現，例如緊握手邊的筆，或把手藏在口袋裡或桌子下，這些都是說謊者的基本對策，也是你的「測謊雷達」應該要注意的線索。

說謊者通常會意識到自己的明顯破綻，並且試圖控制或隱藏。不過對說謊者而言，因為對自身行為改變的自我監控能力有限，想要控制或隱藏謊言線索的能力也同樣有限。

有些說謊後的破綻，說謊者比其它人都來的容易察覺與控制，例如先前曾提過的坐立不安就是一種可以輕易由說謊者監控並隱藏的特定「說謊線索」；也有一些說謊後的破綻很難由說謊者本身所察覺與控制，例如瞳孔大小、呼吸頻率或是顫抖的聲音。

因為人體會透過不同的神經行為通道（nervous behavioural channels）處理進出大腦的訊息，若說謊者處理訊息的通道速度極快，就比較容易能監控自身的特定行為，透過高度傳導性通道進出大腦的訊息能夠自由快速流通，提供說謊者足夠的回饋資訊，便能在某種程度上掌控說謊後的破綻。

舉例來說，敲手指就是日常生活中常見且具有高度重複性的熟練動作（具有高度傳導性），因此說謊者便能選擇隱藏手部動作，或是透過抓住桌緣或筆來隱藏破綻。

簡單來說，說謊者會意識到自己的行為改變，手指的動作頻率會比平常高，因此個人的認知反應就會提醒自己要放慢動作速度，或是完全隱藏自己的動作（例如抓住桌腳或椅腳）。

神經行為通道的「傳導性」大不相同。在上述例子中，另一種極端的可能性則是神經行為通道的傳導性極低，甚至完全沒反應，說謊者因缺乏足夠的回饋訊息，便無法在說謊後採取適當的因應措施。

舉例來說，**瞳孔放大（散瞳）是說謊的特徵之一**，人們不常控制瞳孔大小，就算想做也很難做到，因為這是一條鮮少練習的通道，缺乏傳導性，故難以控制。在不常練習的情況下（除非是被拍攝到），這就是判斷一個人是否說謊的最佳線索，說謊者很難隱藏這一點。

簡而言之，若訊息能在神經行為通道中自由、迅速的流動，說謊者就能輕易控制「說謊線索」；反之，若通道的傳導性較低，說謊者便無法在說謊後，準確察覺自己的行為變化。

要成為測謊高手，就不能低估透過高傳導通道所傳遞出來的線索，例如手指敲動的頻率、手部動作，以及說話的速度與內容，但你的觀察重點應該要擺在低度傳導通道所傳遞出來的線索，例如下半身的動作、眼神以及表達細節。

之所以要持續監控，而非忽略由高傳導通道所傳遞出來的破綻（例如手指動作），是因為不管這些通道的效率或傳導力再高，在正常的情況下，說謊者也可能難以控制，因為說謊者在努力維持說話內容的合理性與可信度時，還會試圖想掌控所有的通道，控制所有可能的破綻；要同時做到這些事情，會對大腦造成認知負擔，導致說謊者行為失控，露出破綻。畢竟人類的腦力有限，能同時處理的任務量也有限。

若以貨幣概念來解釋，試想：若大腦中隨時都有一百元可以支配出去、進行不同的任務，為了避免謊言露出破綻，說謊者必須謹慎分配任務價值，分配的可能性如下：

五元：處理與謊言無關的例行事物，例如回應周遭噪音、口渴或是注意體溫。

五元：確保不會頻繁眨眼。

十元：控制手部肢體動作。

十元：控制下半身肢體動作。

十元：確保眼神真誠度。

十元：控制語速及說話內容。

十元：思考若謊言被戳破後的下場及處理相關壓力。

四十元：處理回應他人問題的訊息內容，組織具有可信度的謊言、隱瞞真相。

總值：一百元

上例是以當事人運用百分之百的專注力來掩飾謊言為前提，這些數字會因個人情況及事件情節而有所不同。

如果說謊者經過長時間訊問，必須不斷回想先前的謊言，並且不斷製造符合謊言的新訊息來遮謊，則說謊者在這部分就已經耗去四十元的成本。如果掩飾謊言的成本為一百元，那麼說謊者勢必得從其他部分挪用金錢，自然會對其它傳導通道造成影響。

舉例來說，如果問說謊者一個特別困難、無法當下迅速自然回答的問題，那麼四十元的專注成本肯定不夠，於是說謊者就會選擇低頭，將專注力轉移到其它東西上，藉此換取時間思考，然後才回答問題。

而實際情況是，因為當下情況已經超出說謊者的認知處理能力，在四十元的戶頭中已經是「零餘額」，為了保持帳戶收支平衡，他就得從「眼神真誠度」的帳戶中提取十元，以確保有足夠的現金能用以編織適當的語言回答。

這在測謊者的眼中說明兩件事：第一，說謊者已經停止真誠的眼神交流（謊言破綻）；第二，在回答問題前有明顯的停頓（另一個破綻）。

一個誠實的人不需要同時監控多種傳導通道，因此有八十元的成本可以專心回答問題，並且組織適當的回應內容。由於誠實者在回應過程中的認知負荷並未達到飽和，回答內容會較為流暢自然。

大腦帳戶中的各項成本之間存有一種健康的平衡關係，這說明了講實話是一項不錯的投資！

一個人說謊越多（回答一連串問題），就必須越專心思考說話內容，進而沒有多餘的精力監控自己的其他行為。如果說謊者一心想著如何控制自己的非語言行為，那便無法維持可信的謊言內容，結果會導致說話內容不合邏輯或毫無說服力，因為這一切已經超過說謊者所能承受的心理負荷。

好萊塢犯罪電影中經常會出現嫌犯心理負荷超出承受範圍的戲劇化反應，一旦嫌犯面斷一連串高強度的訊問時，心理壓力會隨之增加，也就無法繼續說謊，最後不得不認罪。雖然這是電影情節，但理論上是正確的。

嫌犯在面對一連串迅速接踵而來的問題時，基本上是無法自然回答（因為每句話都得經過編造），更別提想透過控制身體動作來表示自己的無辜，因為這已經大量超出嫌犯的認知負荷，進而導致他心智上的崩潰瓦解。

若你想測試一個人是否說謊，只需問他一連串的問題，看看對方是否會崩潰！如果成功了，你會發現對方所說的話毫無邏輯、沒有任何意義，也或者會露出明顯的說謊破綻，例如坐立不安、突然轉換話題或是停頓很久才做出回答。

說謊後的反應

第一階段	情緒反應	意識到說謊的後果。說謊者會感到罪惡、恐懼、壓力以及間歇性的亢奮。此階段一眼能看出的破綻極少。
第二階段	交感神經反應	身體進入「戰鬥或逃跑」的模式，神經系統會對罪惡感做出反應，表現出說謊的破綻，例如眼神交流中斷、抖腳或敲手指頭。
第三階段	認知反應	進行反制措施，隱藏說謊破綻。例如雙手抓住桌子以隱藏不安，腳踝交叉抵住椅子，藉此停止其它動作，然後重新恢復眼神交流。

第一階段：情緒反應

第二階段：交感神經反應

第三階段：認知反應

本節重點

普遍來説，説謊後會有三階段反應：

• 第一階段：情緒反應

説謊者意識到自己説謊後，會產生罪惡感、恐懼、壓力以及間歇性的亢奮，上述反應的輕重程度完全取決於謊言被揭穿的後果。舉例來説，小謊言的連帶情緒反應較小；而重大謊言，例如不貞、犯罪、欺騙換取商務合約或工作機會，最終都會產生明顯的情緒反應，輕易讓人查覺。

• 第二階段：交感神經反應

説謊者受到情緒（罪惡感、恐懼、壓力及亢奮）影響，會導致露出破綻，例如敲手指、坐立不安、語速加快、逃避眼神交流及眼神閃爍。

- **第三階段：認知反應**

説謊者會採取反制措施來掩飾破綻。透過高傳導通道（説謊者容易控制的身體部位，例如手部或眼神交流）的行為較容易掩飾，不應忽視這些動作。然而，注意觀察不易控制的身體部位，例如瞳孔大小、下半身的肢體動作以及微表情會更有收穫。

- **説謊後的反應過程**

如果情緒反應是恐懼（第一階段），説謊者可能會雙腳發抖（第二階段），進而試圖隱藏腿部動作（藏在桌底下或勾住椅腳），藉此偽裝其錯誤（第三階段）。

- 假設人類大腦可以支配一百元。在任何時候，人類大腦都有一百元可以支配，說謊者必須謹慎使用這筆錢，避免被他人察覺有異。
- 如果在隱藏肢體動作的破綻方面投入過多金額，在言語解釋方面就會缺乏邏輯性。
- 如果回答越縝密，表示說謊者越難有精力去隱藏充滿罪惡感的肢體語言。如果你再進一步追問，就有可能看到說謊者的心理瓦解，表現出一連串明顯的破綻。

2-2

偵測謊言五步驟——魔法測謊術

每個人都會用不同的方式來判斷他人是否說謊，例如觀察對方是否坐立不安、冒汗與減少眼神交流。雖然這些都是常見的說謊特徵，但如果僅憑一些簡易方法便要判定他人是否說謊，結果可能會大錯特錯。

舉例來說，如同先前提過，增加眼神交流也可能是說謊的特徵——當事人知道自己說謊，試圖藉此表現真誠的模樣。因此，如果以逃避眼神交流做為判斷說謊的鐵則，便會導致錯誤判斷。此外，缺乏正確知識也會導致無辜對象莫名受到懷疑，甚至認為說謊者是無辜的。如果僅以有限知識進行測謊，這真的很危險！

這也是我想要寫這本書的原因之一。如果有人想成為人肉測謊器，我願意幫助他們提高準確率。如果你被指控自己沒做過的事，不用說，那種感覺一定很糟糕。

為了避免這種事情發生，我們必須運用可靠但簡單的方法來測謊，這有助於提升測謊的準確度與可信度。魔法測謊術（M・A・G・I・C）分為五步驟，在各種情況下都能輕鬆記住與運用。關於魔法測謊術的總結及其運用方式請見本書後面內容。此五步驟為：

1. 動機（Motivation）：對方是否有說謊動機？
2. 提出控制問題（Ask Control Questions）：建立行為基準線。
3. 提出可疑問題（Guilt Questions）：提出犯罪相關問題。
4. 指標（Indicators）：線索團中是否有說謊指標？

5. 再次檢查（Check Again）：重新檢視。

透過簡單的五步驟，結合說謊特徵的知識（詳見下一節〈說謊者的特徵〉），你將成為判斷精準的人肉測謊器。

第一步：動機

先評估對方是否有說謊動機。

先前提過，說謊的動機包括：避免尷尬、製造好印象、個人獲益、避免受罰。

如果你能保持客觀，便能提高準確度，因此一定要記住，即便對方有說謊動機，但他說出來的話也可能是事實。

如果你認為對方的說謊動機是「個人獲益」或「避免受罰」時才要特別注意，因為在此動機下所說出的謊言，可能會造成嚴重後果。

第二步：提出控制問題——建立行為基準線

由於人類行為在不同的情況下會有各種不同的可能性，因此無法以絕對科學的方式測謊，要達到高準確率也很困難。

舉例來說，「眼神交流」是判斷對方是否說謊的常見技巧之一。沒錯，但在某些文化中，說謊者會「自然地」增加眼神交流的頻率。

此外，即便一個人時刻保持與他人的眼神交流，這也不代表他一定是無罪，因為這有可能是刻意製造出來的反應機制，就只為了予人一種心安理得的模樣。

再者，對某些害羞、緊張或沒有安全感的人而言，他們很自然會**避免眼神交流**，這些都會增加測謊的不確定性。此外，對話雙方之間的明顯階級差別（老師與學童）也可能導致當事人避開眼神交流。

撇開孩子無辜與否不談，在正常情況下，要孩子長時間直視老師也不是一件容易的事情。

所以，我們必須先熟悉各種人格特質與文化才能測謊嗎？當然不是。其實還有更簡單、更準確的方式。**當你開啟測謊雷達、判斷一個人是否說謊時，首要任務便是建立行為基準線。**為了建立一個人的行為基準線，你得觀察對方在誠實回答問題時的言語及行為反應。**簡單來說，你所提出的問題，自己心裡要有確定的答案，或者確定對方會如實回答，這就是所謂的「控制問題」。**

當對方誠實回答控制問題時，你要觀察（並記住）對方的行為表現，然後將對話內容轉向對方可能不會誠實回答的話題之上，並且再次觀察對方的行為特徵。

至此，你已經可以比較出對方在誠實回答與否之間的言行差異。如果你發現說謊線索（接下來會進一步討論）有任何改變，那你應該可以判斷對方是否說謊，或者確定哪一部分需要進一步注意。

測謊儀操作員利用控制問題這項技巧已經行之有年。測謊儀或測謊器是直接黏貼在受測人身上，觀察其生理變化，例如心跳速度、呼吸頻率，以及皮膚電流反應（GSR），也就是所謂的汗腺活動。

有效的測謊儀能監測當事人在回答問題當下的狀態是處於「戰鬥或逃跑」。控制者提出已知答案的控制問題，例如當事人的名字、性別與地址，藉此觀察儀器上的生理反應記錄圖表。

接著，操作員會接著訊問與可疑活動相關的問題，並觀察儀器上所記錄的生理反應是否有所改變。如果在回答已知答案的問題與可疑活動的問題之間出現明顯的生理反應差異，操作員便能判定受測者在說謊。

我不認為測謊儀是一種高度精準的測謊方式，因為要騙過測謊儀，其實有很多簡單的方法。

然而，測謊過程所採用的步驟是正確的，也是想要成為測謊高手的我們需要學習的。**第一步就是要（基於控制問題）建立出行為基準線，並比對受測者在可能說謊時的反應。**

要建立行為基準線，你只需要提出已知答案的問題，或是對方在邏輯上會誠實回答的問題。在此同時，你也要觀察對話過程中出現的說謊線索，像是眼神交流、眨眼頻率及手部動作。

為了建立穩固可靠的行為基準線，花一點時間是值得的。如此一來，一旦你提出對方可能會說謊的問題時，對方回應時所發生的改變就會變得非常明顯。建議你最好花點時間仔細提問與觀察。

最好能在對話過程中巧妙融入控制問題，對方才不會意識到你在測試他。例如說：「你現在還住在強森城嗎？」或「你還開那輛白色豐田嗎？」（前提是你知道對方的車款）。

建議你也可以**問些你曾經在場的事情**，如此更能判斷答案的準確度，例如說：「你還記得我們上次去酒館，那是你第一次見到麥克嗎？」或「珍妮，妳還記得辦公室上次為羅伯特餞行時，妳是去哪裡買蛋糕的嗎？」這些都是非常好的問題，如果「珍妮」是負責買蛋糕的人，她肯定能正確回答，甚至在腦海中勾勒當時的畫面。

稍後在眼睛移動一節中會提到，觀察一個人的眼睛，便能判斷對方是在回想過去的事件，還是在揑造事件。如此一來，這類的問題會讓對方確實回想發生過的事情，你也能藉此觀察對方在說實話時眼睛的移動方式。

建議你**最好在同一個特定時間與場合練習提出控制問題**，例如在會議中、派對上或午餐會報中，如此一來，不論回答者說的是實話或謊話，他的心理狀態與回應才有一致性。如果事隔多日，結果的可靠度就會下降，因為對方的心理狀態、外在干擾以及你的記憶都可能會變模糊。

你也無需連珠炮串似的丟出控制問題，只需要確定回答控制問題與可疑問題的環境相同即可，如此得到的對照結果才可靠。

我希望讀者能花點時間建立可靠的行為基準線，要有耐心，因為這是準確測謊過程中重要的第一步，值得你投入時間好好做，最終一定能幫你看清楚他人說謊的線索。

第三步：可疑問題——提出犯罪相關問題

當你掌握對方回答控制問題時的反應後，就該是時候問些好玩的內容了！要判斷對方是否說謊，你得先提供機會讓對方說謊。

要達到目的，你得先提出問題，讓對方有機會選擇是要說實話還是要說謊——

這是他們的選擇。想當測謊高手，在提出問題時要表現出自在的模樣，用自然的方式提出問題，才能將問題融入正常的對話內容中。

如果對方懷疑你的問題是為了測試他，他們就會發展出反制措施，試圖隱藏自己的錯誤，例如刻意保持眼神交流。

你不會想要讓他們有機會建立起防禦機制，所以最好是把問題融入一般對話之中。但有些情況是你無法如願，所以在建立可靠的基準線後，你也可以選擇直接提出問題，或是直接挑戰對方。

請記得，當你在挑戰他人時，即便對方真的無罪，他們在面對挑戰時也會改變自己的行為模式，因此這不能說明對方說謊，那只是個人的自我防衛機制，也或者是因為個人誠信受到挑戰而反抗。

在這種情況下，如果你察覺某人說謊，最好是練習巧妙的提問技巧，然後持續觀察說謊的特徵。

然而，如果你選擇挑戰對方，請記得，對方的行為改變不全然是因為罪惡感。記住這一點，如果你已經花時間建立起可靠的基準線，並且觀察到說謊的特徵，那你就能辨識對方的反應究竟是出於個人防禦或是罪惡感。

在判定某人說謊後，聰明的話就別讓對方知道你已經發現了。此一策略能避免說謊者在下次交談時改變行為模式——就讓他們覺得自己能夠隨心所欲對你說謊，以免有機會發展出反制策略。知道如何判斷他人是否說謊，有助於你在未來與他人交流的過程中具備心理優勢或多一層的保護機制。

第四步：指標——線索團中是否有說謊指標？

因為現實生活中會有各種不同的狀況，每個人的個性也不盡相同，因此無法僅憑單一線索來判斷一個人是否說謊。

要當一個準確的測謊高手，最好是要尋找「一團」說謊線索，而非僅憑單一特徵判斷。僅憑單一特徵判斷，出錯機率會很高，而且會導致不想見到的後果。

舉例來說，先前有提過說謊者可能會出現瞳散（瞳孔放大）的特徵。

但是人類瞳孔放大的原因有很多，包括感到壓力或受到吸引。如果本書讀者因此以瞳孔大小來判定他人說謊與否就完蛋了。尤其是當讀者的另一半帶著一瓶酒回家，滿心期待一個浪漫的夜晚，並且張大瞳孔對你說「我愛你」，結果因此被誤導以為對方是在說謊，毀了一個浪漫夜晚，這可就不妙了！

因此，依據多種線索——**在連續快速對話狀態下出現的說謊線索**——進行判斷會比較保險與準確。當對方在回答問題時出現說謊線索時，你就應該要開啟「測謊雷達」了。

第五步：再次檢查

當建立起可靠的基準線、提出關於犯罪活動的可疑問題後，若你觀察到一連串的線索，就該進入重新檢視的階段。

這個步驟的目的在於驗證你所觀察到的「線索團」是否正確。要做到這一步，你得再多提出幾個控制問題，然後詢問導致出現說謊線索的類似可疑問題。你最好重新組織先前提過的可疑問題文字內容，然後盡可能自然地再次提出類似問題。當你提出重新組織過文字的問題，觀察對方是否再度出現與回答控制問題時相異的反應。

此刻你要將注意力擺在**觀察對方在面對類似問題時，是否會出現相同或類似**

的反應。

舉例來說，對方一開始在回應你提出的可疑問題時，隨即迅速閃避你的眼神，並且改變音調。當你換個方式問同樣問題時，記得要仔細觀察對方的眼神及語調，看看是否再度出現變化。

如果出現變化，表示對方說謊的可能性極高。不過，你還需要觀察是否還有其他的說謊特徵，例如微表情與訊息搭建（在下一節中有詳細解釋），才能做最後確認。

情境模擬：與銷售員的對話

在你提出控制問題後，繼續問銷售員說：「這已經是這輛車最低的價格嗎？」銷售員的眨眼次數增加，又摸摸鼻子才回答：「是，這是我能給的最低價格了。」

你再問些與車子性能相關的話題，而且是銷售員必須要誠實回答的控制類問題。舉例來說，你可以問銷售員說：「這個型號的車款有沒有天窗？」以及「耗油量多少？」然後觀察他的眨眼次數及摸鼻子的頻率。

經過幾個一般性的問題後，你再接著問可疑問題說：「所以三萬五已經是最低價了嗎？好像可以再低一點吧？」如果對方又再摸鼻子、眨眼次數增加，那他十有八九就是在說謊。

接下來，你可以說要去別家看看，或表示要與他的主管談談，看是否有更好的價格——因為你知道肯定有！

重新檢視是比較保險的做法，你可以在二度提出類似問題時，確認先前觀察到的線索團是否會再次出現，這也有助於提高謊言辨識的準確度，並且降低巧合的風險。

舉例來說，在上述例子中，當你提出可疑問題時，銷售員摸鼻子或眨眼睛也可能是因為正好鼻子癢或是有東西跑進眼睛裡。

如果你重新檢視，發現對方先後在回答可疑問題時都出現同樣的反應，並且都與回答控制問題時形成明顯對比，那你就能確定自己的判斷了。

同樣的，如果你沒看到相同的反應出現，也可以打消疑慮，相信對方說的是真話。無論對方說謊與否，保持客觀並以開闊的心胸與人交流，都有助於你判斷對方誠實與否。

經過練習，你應該可以在對話中順利進行這五個步驟，你可以不斷重複，直到證實或打消心中的疑慮為止。

圖解示範

第一步：動機。

對方是否有說謊動機？由於銷售員的薪資是取決於佣金或銷售表現，因此他們確實具有說謊動機。

第二步：提出（對方會誠實回答的）控制問題，並且觀察他們的眼神交流、手部動作、眨眼頻率、聲音頻調以及肢體動作等等，藉此建立行為基準線。

當客戶問說：「這些有打折嗎？」或「這些是內建設備嗎？」時，他們心裡其實早已有數，只是在觀察銷售員照實回答時的言行反應。

第三步與第四步要同時進行：

提出可疑問題：提出可疑事件的相關問題。讓對方有機會選擇說實話或說說謊——選擇權在他們手上。

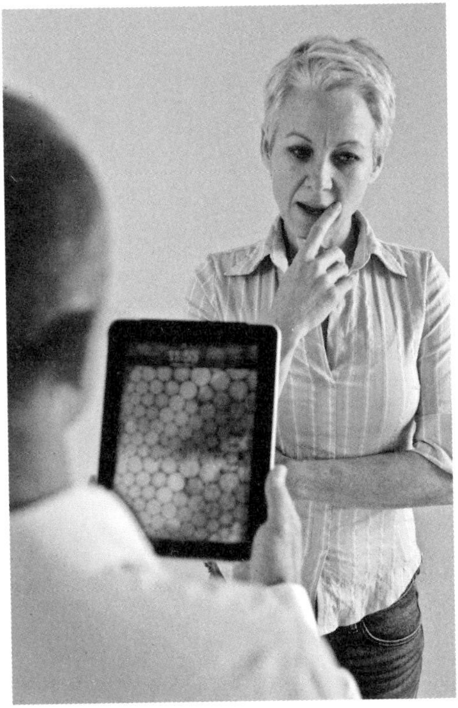

指標：消費者觀察到行為基準線出現變化。線索團透露出銷售員的答案不誠實，出現下列線索：重複問題、巧妙地遮住嘴巴、身體姿勢封閉、短暫中斷眼神交流，以及過度強調答案。

注意：在回答可疑問題的過程中是否出現説謊指標？

可疑問題：當消費者問：「附近的其他店裡是不是有這個牌子？」銷售員回答：「其它店有沒有賣?肯定沒有。我們絕對是唯一的一間。」

第五步：再次檢查

問完可疑問題之後，再度以控制問題重新檢視，觀察先前發現的線索團是否再度出現。

消費者提出可疑問題說：「這是最低價了嗎？」當銷售員回答：「呃，是的，這已經很划算了，你找不到更便宜的了。」

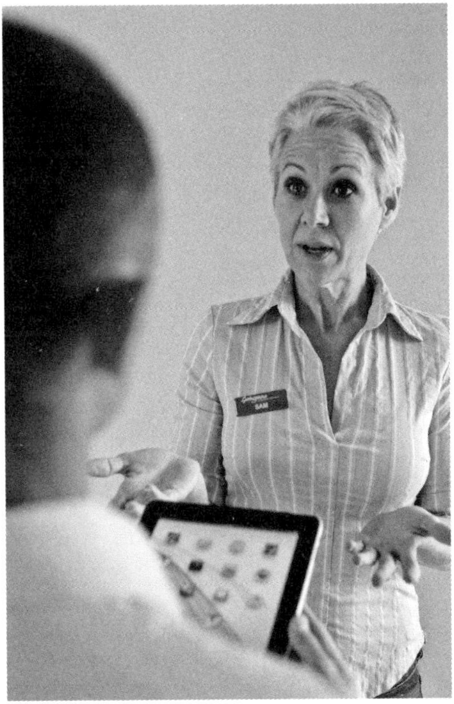

消費者提出控制問題說：「這能透過無線網路上網嗎？」以及「能不能在這上面打電動？」銷售員會誠實回答，行為基準線再度出現——線索團也會隨之消失。

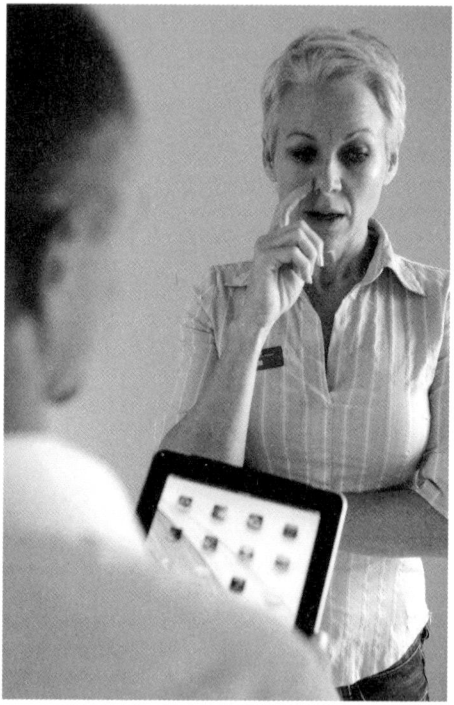

線索團再度出現：摸鼻子、嘴巴半掩，隨性的肢體動作、眼神交流再度中斷、說話吞吞吐吐及誇大其詞。

本章重點

魔法測謊術適用於各種場合，步驟也很好記，你可以透過重點總結，整理並複習先前所學的內容。如果你需要更多細節，我建議你把〈偵測謊言五步驟——魔法測謊術〉這整節讀完。

- 動機：

動機包括：避免尷尬、製造好印象、個人獲益、避免受罰。如果能保持客觀，準確度會越高。不要預設他人說謊的立場，請記住：對方或許有說謊動機，但他們也可能說實話。

- 提出控制問題，建立行為基準線：

你剛打開大腦的測謊雷達，透過控制問題觀察對方回答時的言語及行為——也就是對方說實話時的反應。這有助於建立行為基準線，花點時間做這件事，才能為接下來的觀察建立更可靠的基準點。

- 提出可疑問題：

要判斷他人是否說謊，首先得讓對方有機會說謊。你必須技巧性地提出一、二個可疑問題，最好是在日常普通對話中進行，才不會讓對方有機會隱藏說謊線索。

- 指標：

打從你提出控制問題、建立行為基準線時，說謊指標是否曾出現過？是否連續地出現在線索團中？如果這一切都是發生在回答可疑問題時，你就應該要開啟「測謊雷達」了。在本節最後將會列舉部份說謊線索。

- 再次檢查：

重新檢視。這步驟是要重複上述的四個步驟，驗證你所觀察到的線索團是否可信。如果你在類似的可疑問題中發現相似的線索團，你應該是抓到說謊者了。

● 說謊線索參考：

手指頭、手、腿、腳部動作，或是肢體缺乏動作；說話方式改變，發音錯誤的情況增加、清喉嚨、誇張地吞口水或口吃；不一致的眼睛移動方式（假裝沒印象）；較少眼神交流或頻繁製造眼神交流的機會；鼻子癢；封閉的身體姿勢，往後靠或將雙臂交叉於胸前，形成保護牆；雙手擋在嘴巴或眼睛前；手貼在臉上，眨眼次數增加；身體行為與說出的話不一致（點頭贊成但嘴巴說不）；假裝疲憊、打呵欠；增加內容修飾與提供過度詳細的答案；以及與微表情不符。

說謊者的特徵——眼、鼻、口、微表情

一個人說謊時會透露出許多線索或徵兆。本節將會列舉常見的說謊指標，幫助讀者集中注意力，觀察正確的地方，以期迅速上手。

現實生活中的欺騙線索更多，本書無法涵蓋所有可能性。如果你依照先前所建議的魔法測謊五步驟進行，應該會在某些人身上發現特定指標。

請記住，**要觀察在控制問題與可疑問題之間的行為轉變**。

舉例來說，我認識一個會隨身攜帶眼鏡的女生，但她只會在特定時候才戴上眼鏡。建立行為基準線後，每當我一提出可疑問題，她都會先戴上眼鏡才回答問題。很有可能她是想利用眼鏡，在我們之間築起一道防護牆，試圖隱藏自己充滿罪惡感的眼神。

我到目前為止沒有見過任何學術研究將此一行為模式列為説謊特徵；然而，經過魔法測謊的五步驟，再加上説謊者可能會使用的反制措施，我在她身上發現，戴眼鏡是可以用來判斷她説謊與否的可靠線索。

為了確保剛開始練習辨識謊言的準確性，我建議你重點觀察以下的説謊特徵。不過當你愈熟悉魔法測謊的五步驟，愈能判斷他人的行為變化之後，就要擴大自己的注意範圍，看看是否能查覺到特定人物的特定特徵。

當你開始練習剛學到的新知識後，你會發現有些人其實很容易「洩漏」說謊線索。只要不讓對方知道你已經能判斷他們說謊時的特徵（避免對方有機會採取反制策略、隱藏線索），他們就會持續暴露說謊特徵，往後你與這些人互動時，就能輕易判斷對方是否在說謊。

我剛提過的那個女生，現在說謊時都還是會戴上眼鏡。所以只要她一戴上眼鏡，我根本就不需要提出可疑問題，就能知道她說的是真是假，不過如果哪天她得時刻戴著眼鏡，這個方法就不管用了。

大部分人說謊時都會出現徵兆。如同先前提過，一旦說謊者必須承受大量的認知負荷，或是有過多情緒附加在此謊言之上（例如謊言被識破的後果很嚴重，或是感到愧疚、焦慮或興奮），說謊的特徵便會愈加明顯。

說謊之後，如果有人進一步追問，說謊者就必須說出更多的謊言來圓謊，如此一來便會增加情緒量，導致洩露更多說謊特徵。很多人都有類似情況，但不是每人都會如此。

此一論點不適用於慣性說謊的病態說謊者，因為這些人通常對自己的謊言內容深信不疑，而且會誇大謊言內容，希望博取他人的好印象，或是藉此圖利。舉例來說，病態的說謊者可能會告訴別人，自己與跟美國總統歐巴馬住在同一條街上或上同一所小學，藉此操控自己在社會上或公司中的地位。危險的是，病態的說謊者因為深信謊言內容，難以區分現實與想像，由於牽涉到說謊者的情緒與線索幾乎融合在一起，要判斷他們的說謊特徵就比較困難。

病態說謊者對於自己不斷說謊幾乎沒感覺，也使得要判斷這些人的說謊模式變得特別棘手。因為他們頻繁說謊，很難建立起可靠的行為基準線，因為他們根本沒有什麼基準線可言。

此外，由於他們說謊時缺乏情緒，因此不會表現出一般的說謊特徵；他們沒有特定的說謊動機，因此要判斷他們口中的話到底只是一般無關緊要的謊言，還是重大謊言，這一點著實非常困難。所幸社會上並沒有太多的病態說謊者，但如果你真遇上了（這種人很明顯），我還是會建議你採用魔法測謊術的五步驟。

或許與病態說謊者打交道的最佳方式就是先組織好問題，讓他們只能回答「是」與「不是」，如此一來，他們沒說出口的答案就是真相。

另一種棘手的說謊者是已經把同樣的謊言說成精了，也就是所謂的說謊老手。

由於他們已經在不同場合重複練習過相同的謊言，在應對上自然也較為流暢，這是因為他們心中沒有大量的認知負荷（說話時已經不需編造內容），而謊言本身也沒有附著過多情緒（因為說太多次，已經麻木了）。

某些有趣的研究顯示，經過練習的謊言聽起來更具說服力，但是說謊的過程中，說謊者會流露出更多非語言類的說謊線索。雖然說謊老手口中的謊言聽起來頗具說服力，但在測謊者眼中看來，這是他們感到罪惡的表現。

本節將會提供一些有用的線索，教你如何判斷一個人是否說謊，也希望讀者們盡可能找機會多多練習，例如請家人對你說謊，應該會很有趣。

重要的是，如果你判斷錯誤，這也是很寶貴的經驗——你也不必擔心，因為家人會告訴你。當你判斷錯誤，檢討一下到底是哪個環節讓你誤判，並且從經驗中學習，下次要騙到你就更難了。此外，依照魔法測謊術的五步驟來挑戰家人，看看是否能找出不同的謊言線索。

一旦找到可靠線索可以判斷家人是否說謊，試著不要讓他們知道問題出在哪裡。在家人察覺到自己透露出的線索之前，他在你眼前可謂是無所遁形，想要成功騙到你更是不可能。想想他們知道後會有多麼挫敗，好好享受這過程吧！

我不會強調哪種說謊特徵特別重要，因為我相信一位精明的測謊者會依照個人情況判斷。雖然透過高度傳導通道得到的回應不可忽視（例如手指動作與眼神交流），但真正能讓你看清真相的，是微表情、訊息搭建與下肢動作，因為說謊者根本沒想到你會注意這些事情。接下來將教各位讀者如何準確判斷說謊特徵。

眼睛

眼睛是非常寶貴的訊息來源，當一個人要評估他人的個性或情緒狀態時，很自然都會依賴眼睛所透露的訊息。這一點在看照片時尤其明顯，因為我們很難僅憑肢體動作與說話內容來判定。

看一個人的照片時，因為要判斷照片人物的情緒，第一眼通常會看眼睛。你可以試著看陌生人的照片，看看你第一眼會注意哪裡？幾乎都是眼睛。

想要從眼睛獲得訊息是一種自然的渴望，如果無法看到他人的眼睛，例如對方戴著墨鏡，要觀察一個人似乎就受到限制。如果銷售員始終戴著墨鏡，你會放心與他進行重大交易嗎？如果你從來就沒看過對方的眼睛，你會與對方建立信任關係嗎？

本書將列舉一個人說謊時會流露出的特徵或線索。

到目前為止，我最喜歡透過觀察眼睛來判斷一個人是否說謊，成功率也最高。很顯然，一個人要保持正常的眼神交流，又要編造訊息或杜撰故事，難度非常高。舉例來說，你可以提出問題，並且要求對方迅速回答。

在此情況下，你通常會發現對方在思考如何回答的過程中，眼神會閃爍、偷瞄下方；對方的眼神也可能保持不動，或是凝視特定方向。人類的大腦彷彿與眼睛緊密相連，當大腦面對壓力時，眼睛就會說明一切，這一部分稍後會進行討論。總之，如果要練習辨識謊言技巧，我建議你從眼睛開始。

眼神交流

眼睛是靈魂之窗。對精明的測謊高手而言，眼睛也代表機會之窗，但不是僅憑大家都能想到的方式——眼神交流——就能判斷。

當問起要如何判斷一個人是否說謊，大部分人都會說要看眼睛，觀察是否能保持固定頻率的眼神交流。如同之前說過，眼睛的反應是由提供大量訊息給大腦的高度傳導通道所控制，這也讓說謊者在某程度上能夠控制自己的眼睛，操控眼神交流的次數，藉此幫助自己擺脫嫌疑。

說謊者經常會刻意增加眼神交流的次數，表現出真誠的模樣。但是，只要透過控制問題，你可以觀察出特定人士的正常眼神交流頻率。有些時候，某人在面對控制問題時能保持一定的眼神交流次數，可是一旦被問到可疑問題時，眼神交流次數反而明顯增加。

我想再次強調，你要找的是**對方在回答可疑問題時眼神交流次數的增減**，因為眼神交流的次數是可以透過人為操控，但在說實話與說謊話之間要保持穩定的次數就沒那麼容易。所以，你要留意差異性。

他們會立刻轉移眼神，可能會舉手擋在眼睛前，阻隔眼神交流的機會，或是假裝受到干擾，轉移視線或揉眼睛。

當他們組織完答案後，隨即又會恢復正常的眼神交流模式。一旦眼神交流中斷，你就要特別注意了。

小技巧

小孩，以及不常說謊，或是沒料到你會如此提問的人，面對可疑問題時的眼神交流次數會迅速下降。

眨眼頻率

一般對話過程中，正常的眨眼頻率為每分鐘二十六次，但在面對壓力的情況下，眨眼次數可能會明顯增加。

不管對方是否面對壓力，**如果在你提出可疑問題後，發現對方的眨眼頻率相較於回答控制問題時有明顯改變（變慢或變快），這就是常見的欺騙指標。**

當一個人在回答可疑問題時，眨眼頻率變慢，不外乎是因為以下兩個原因：第一，對方試圖中斷眼神交流，但又不能轉頭，因為這就是罪惡感的明顯特徵；第二，對方費心組織回應內容（認知負荷超載，幾近精神崩潰），因此必須延長眨眼時間。

同樣地，說謊者在說謊時可能會增加眨眼頻率或是眼神飄移不定的可能性，這也是想要降低眼神交流頻率的特徵。我們無須深究說謊者如何透過潛意識改變眨眼頻率，只需專注於觀察對方在回答控制問題與可疑問題時的頻率變化。

提醒各位讀者，對方也有可能是因為不想回答問題而選擇延長眨眼時間、頻繁眨眼（眼神快速移動），或是中斷眼神交流。這類的緘默可能僅只是因為對方對於你所提出的訊息感到不自在，因而不想處理。有時候人們也會因為認真思考某事而增加眨眼頻率，這些都有可能。因此光憑眨眼頻率並不足以做為可靠的說謊特徵，做決定之前尚須考慮其他的說謊特徵。

小技巧

如果延長眨眼時間，再加上把手移至臉部，這可能就是對方的說謊指標，說明對方潛意識希望透過建立阻隔（手），阻擋你的存在，並且試圖透過延長眨眼時間，（視覺上）抹去你的存在。

眼睛移動

眼睛移動的方式是另一個有趣的特徵。在某些人身上，透過觀察眼睛移動的方式，可以迅速看出對方到底是在回想事情還是編造情節。

這項技巧是以一九七〇年代由加州大學約翰．葛瑞德教授和理查．班德勒教授所提出的神經語言程式學[3]為基礎。

如果你想學習神經語言程式學，許多公司都有提供訓練。在此我並不打算用神經語言程式學的理論來轟炸各位，而是直接進入與測謊直接相關的重要訊息。

當你在實驗此一技巧時，會發現這一點在某些人身上非常管用，但並非對所有人都有用。因此，在判定一個人是否說謊之前，還需觀察是否有其它的說謊特徵。我建議各位在讀完本節後，親自找朋友、家人，甚至是小孩試一試，好好測試一下吧。

練習此一技巧的前提是，眼睛要會隨著心理狀態而看特定方向，這需要經常練習，無論是要不斷操控或改變眼神方向，還是要分開眼神與想法都不容易。如果刻意去做，的確是可以偽裝眼睛的移動模式；然而，這並不是自然反應，也很難時時刻刻維持這種需要高度控制力的動作，故值得在這方面多花心思觀察。

注意

長期以來，社會上對神經語言程式學的評價褒貶各異，而我個人也發現此技巧在某些人身上非常管用，但並非對所有人都適用。不管怎樣，如果你能具備一點關於神經語言程式學的知識，也算是幫助你辨識謊言的一項利器。

既然本書是為你而寫、幫助你觀察他人，因此接下來說的方向，都是從你的角度出發。

如果我說這個人會看右邊，這表示是你的右邊（對方的左邊）。因為某些時候，你觀察的對象眼睛移動速度非常快，你必須直覺反應出方向所代表的意義。因此，我幫各位讀者整理出辨識謊言專用的方向模組。

當你提出問題，如果對方是慣用右手之人，當他的眼睛：

- 以橫向往右上方（你的右邊）移動，代表正在回想實際發生過的事情；你由此可知，對方的回應內容是真實經歷過的事情。
- 以橫向往左下方（你的左邊）移動，代表心裡正在編造某些不曾看過或聽過的事情；由此可知回應內容是對方不曾親身看過或聽過的事情，是在編造、虛構故事情節。

注意

對慣用左手的人來說，上述模組中的眼睛移動方向與意義正好相反。

因為你得同時評估不同的說謊特徵，為求簡單，你最好只注意眼球上半部的移動方向即可，雖然眼球下半部的移動方式也能說明大腦的認知活動，但與辨識謊言的技巧關聯性不大。

由於眼睛移動速度非常快，尤其是在回想或快速回答像是「是」或「不是」之類的答案，所以你**最好是問些必須多說話的問題，增加對方眼睛來回移動的次數，或是將視線停留在特定方向**，讓你有更多時間可以評估對方到底是在編造杜撰情節，抑或是在敘述真實發生過的事情。

此外，當一個人回答「是」或「不是」，他們的眨眼可能是自然反應，你也無法看到眼睛移動的方向；當然，對方也有可能在回答問題之前，在特定時間內刻意眨眼。不管是哪種情況，你都會錯失評估反應的機會。因此最好盡可能是提出需要用長句回答的問題。

試試看，找個小孩或家人坐在你對面（最好是小孩，因為特徵會更明顯），如此一來你就能清楚觀察對方眼睛移動的方向，並且要求對方盡可能詳細描述你們兩人共同去過的地方或經歷過的事情（他們會說實話）。

聊一段時間後，觀察對方眼睛移動的方向，但不要說出來，否則他們會刻意掩飾。接著要求對方虛構一段故事，說些從未親身經歷過的事情，希望他們編造、虛構一段畫面。

舉例來說，他們可以說去非洲露營、騎大象的故事，並要求對方增加細節，例如描述露營區的模樣、有什麼動物、是否有餵食動物、現實中的大象看起來如何、樹木長什麼樣子，以及帳棚是什麼顏色。

持續要求對方編造在露營之旅中做過的事情。因為你一直要求擴大虛構的故事內容，你應該會注意到對方眼睛移動的方向跟說實話時是相反的。如果你發現了，這也正好證實了神經語言程式學的理論。

小技巧

如果對方看右邊，代表其所説的內容是真的；如果對方看左邊，代表是謊言。

例外情形：

1. 有時候某些人會目光毫無焦距直視前方，眼睛幾乎一動也不動，代表他正在回想真實事件。
2. 在所有的説謊特徵中，某些特徵在一些人的身上特別明顯，在另一些人的身上就看不出來，因此你會發現，這些技巧不見得適用於所有人，這也是本書提供許多不同說謊線索做為參考的原因。如果特定技巧在某個人身上不管用，你還可以透過其它方式來提升準確度。

雖然本書已為讀者將規則簡化，但人類行為其實毫無固定規則可循。上述的規則僅適用於慣用右手之人，慣用左手書寫或做事的人在回答問題時，眼睛移動的方式會正好相反。

而且現實生活中，還有一小群慣用右手的人，眼睛反應方式與慣用左手的人一模一樣。這一切聽起來好像非常複雜，但其實不然。

你只需要透過控制問題、問些你確定對方經歷過的事情來觀察眼睛移動方向，甚至還可以多問幾個問題，確認對方眼睛移動的規律。接著再提出可疑問題，如果發現對方眼睛移動的方向與回答控制問題時相反，則對方虛構回應內容的機率就很高。

請記住，不能僅憑眼睛移動方向來判斷一個人是否說謊。眼睛移動的方向只能說明對方正在編造、虛構某件事情，必須再加上其他的說謊特徵，這才能構成「線索團」，指出對方欺騙。切記，眼睛移動速度非常快，一定要好好觀察。

好啦，該是時候做點有趣的事情了！接下來就帶各位讀者實際練習一遍。

第一步：

找家人或朋友當你的實驗受害者，向對方提出你確定他曾經歷過的事情，然後觀察對方眼睛移動的方向。如果是慣用右手之人，在他回答問題時，眼睛應該會看著右邊或右上方。

第二步：

要求對方描述上週做過的事情，但是其中一件事情要是假的。過程中一樣要觀察眼睛，當你發現對方突然看著不同方向說話時，那應該就是謊話。因為一旦對方虛構內容，視線也會跟著改變。

注意

請記得，有時候某些人在回想真實事件時，眼睛會直視前方，眼神幾乎一動也不動，如果這是對方的自然反應，這種技巧在他們身上就不適用。

不過，如果你的受害者不是這類人（根據你的控制問題判斷），而且又特別難對付，選擇直視你，希望讓你打消念頭，那就觀察其它特徵，例如眨眼頻率和説話規則。

如果在回答問題前會稍做暫停，而且其中一個答案回答特別緩慢，或是講得特別快，代表這是謊言的機率很高。

小技巧

説謊者在説謊時可能會短暫轉移視線，試圖中斷眼神交流，但也可能為了掩飾罪惡感，再次迅速轉回視線。中斷眼神交流是表現出罪惡感的破綻，因此會轉回視線看著你，想看出你是否相信謊話內容。

至此，請你不要做出任何表情回應（不要洩露線索），並且暫停對話。說謊者很難處理這種情形，因為無論是言語或是面部表情，他們都得不到任何回應，更別提判斷是否說謊成功。

這會導致說謊者繼續開口說話，破綻也會由此而出；他們會加快說話語速，提供更多細節，說話內容缺乏邏輯，以及眼神會來來回回，彷彿在腦中重複答案，並且評估自己到底是否說謊成功。記住，說謊者最害怕沉默！

先前提過，一個人說謊時，瞳孔可能會放大，這是另一項有用的指標，但除非你有像警方偵訊或媒體採訪時的高質錄影設備，否則很難監控與評估瞳孔狀態。此外，眼部周圍的細微動作也可以當作說謊指標，這部份在第一百六十二頁的微表情部分中會詳細說明。

然而，觀察眼睛的三個重點分別是：眼神交流、眨眼頻率與眼睛移動。

説謊者通常會刻意增加眼神交流的頻率，
假裝表現出很真誠的模樣。

説謊者説謊後可能會立刻轉移視線。

説謊者可能會用手擋住眼睛。

說謊者可能會假裝受到干擾，藉由揉眼睛來轉移視線。

在第一次中斷眼神交流後，說謊者會繼續看著你，觀察你是否接受謊言內容。

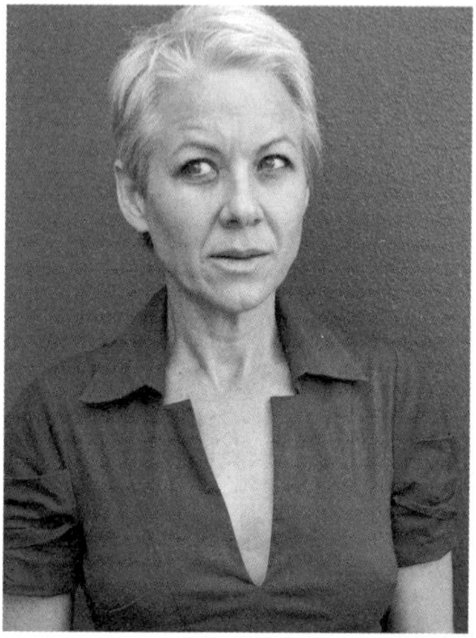

創造或虛構某些事情，眼睛看左邊。

回憶敘述真實事件，眼睛看右邊。

鼻子

如果你想測試小木偶皮諾丘是否說的是實話，那麼我建議你在提出可疑問題後，觀察他回答時的鼻子長度；雖然人類的鼻子大小不會因為說謊而改變，但還是能幫助你察覺到一些線索。

人們時不時會摸鼻子，這很正常。但是，有些說謊者會增加摸鼻的次數。在對方回答控制問題時，觀察他們摸鼻子的頻率（可能一次也沒有）。

在你提出可疑問題後，若對方開始碰鼻子，我建議你重新測試一遍，因為這可能就是說謊特徵。如果在重新測試的過程中再度發生相同情形，是巧合的機率頗低，是說謊的可能性較高。

說謊者會摸鼻子，或試圖以手遮口（建立舒適或保護的屏障），或因為鼻腔組織充血而有發癢的感覺，而說謊者必須藉由摸鼻子來舒緩發癢的感覺。

猶他大學的查爾斯．沃夫博士及芝加哥嗅覺與味覺治療研究基金會的艾倫．赫爾西醫生曾仔細檢視過美國前任總統比爾．柯林頓在李文斯基事件中的相關作證記錄。

柯林頓的供詞除了表現出其它的說謊特徵外，赫爾西醫生及沃夫博士也發現，柯林頓總統說實話時很少摸鼻子。但是，他摸鼻子的次數會隨著說話內容真實性降低而增加。

除了可以在網路上搜尋柯林頓總統的證詞畫面外，如果有時間，你也可以搜尋一些被媒體或警察訊問、最後證明當事人說謊的相關影片。雖然你沒機會提出控制問題，但你或許會發現影片中的人物經常摸鼻子。雖然光憑摸鼻子無法證明對方說謊，但是當你重新檢視後，發現摸鼻子的特徵會伴隨著其它說謊特徵出現，這就證明你的「測謊雷達」是正確的。

口部

小時候父親常對我說：「大衛，我看的出來你在說謊，你嘴巴一動，話就出來了！」老天，感謝父親，不管口中說出的話是真是假，有一件事情他是對的：

可以透過觀察嘴巴辨識謊言。本節旨在討論說謊時的嘴部特徵，而不是說話內容。說謊的語言特徵會在本章後半段中討論。

說謊者的常用技巧有二：隱藏嘴巴或緊閉嘴巴，彷彿是說謊者潛意識想要隱藏謊言的源頭。這一點在小孩身上尤其明顯，因為他們還沒學會如何隱瞞謊言，所以當他們說謊，或是不經意說出不該說的話時，便會瞬間以手遮口，這是非常明顯且生動的手勢。

同樣的原則也可運用在成人身上，但大人懂得自我控制，故會選擇巧妙進行，並刻意將說謊特徵降至最低。成人的說謊者在說謊後可能會藉由稍稍轉頭、說話時咬筆等方式，不讓你直接看到他的嘴巴動作，或者如同前一節中所提，會透過摸鼻的手勢來遮掩嘴巴動作。

下次當你跟一群人在一起，或是參加會議時，若有機會與他人討論互動，找找看能否有人把手指頭貼在嘴唇上；有人會用手指捏住嘴唇，或是以拇指抵住下巴，用食指貼在嘴唇上。

在團體中，做出這個動作的人，應該是有話想說，但是沒有說出口——或許是基於禮貌（等待輪到自己時才發言），或許是不同意當下他人的發言內容，選擇忍住話不說。同理可證某些說謊者的行為：他們會捏著嘴唇，或是以手指緊貼嘴唇，這個動作象徵當事人的潛意識試圖阻止自己說出事實。

觀察嘴巴的另一種方式是看笑容。我相信在某些情況下，你會發現某些人雖然面帶笑容，卻缺乏真誠。要判斷笑容真誠與否，關鍵在於嘴巴——**不真誠的笑容是不會牽動眼睛的**。找機會面對鏡子，只練習嘴角上揚，你可以自行評估這種笑容的開心成分有多少?是真心的嗎?真心的笑容會影響眼睛周圍的肌肉與皺紋,真正開心的情況下,眉毛與上眼瞼之間的皮膚會微微下降。真心的笑容會影響全臉肌肉——真正快樂時,彷彿全臉的組織都在共同慶祝!

相較於表面笑容,**真誠笑容的構成速度較慢,而且表情是對稱的**。

真正的笑容需要時間建構愉快的情緒。表面笑容因為無關真正情緒,僅需特定臉部肌肉組織動作,因此構成速度比真誠笑容要快。

基於相同原因,真誠笑容褪去的速度也較慢,無法像表面笑容一樣說消失就消失。

小技巧

如果你想知道自己是否取悦了對方，除了觀察對方眼睛周圍的表情外，不妨也觀察笑容褪去的速度。真誠笑容就像跟老朋友一起吃飯，你會希望他留久一點，同樣道理，真誠笑容褪去的速度也較慢；而表面笑容就像想擺脫銷售員一樣，你等不及要關上門！

做出表面笑容不代表說謊，或許對方只是想掩飾自己的不開心，或是想在你面前表現出開心的模樣，又或者是基於禮貌。然而，如果只是皮笑肉不笑，肯定不是真心的。數據顯示，說謊者比真誠的人笑容更少。

不過要知道，說謊者也可能刻意保持笑容，表現出友好態度，或看似對你的問題感到自在，作為隱藏謊言的手段。因此，你必須要知道如何辨識笑容的真誠性與表面性。

小技巧

要練習區分真假笑容最好的方式就是看電影。請觀察演員微笑或大笑時的表情，尤其是眼睛周圍。我發現這一點非常有趣，因為你很快就能看出演員到底是真笑還是在演戲（只動嘴巴的笑容），有時候螢幕上的演員也會真心一起開心大笑。

嘴巴還可以透過另一種方式騙你：打呵欠。

如果你跟說謊者交談一段時間後，發現他們時不時會打呵欠，這很有可能就是反制策略，試圖讓你相信他們沒有感到任何壓力。我要再次強調，在提出可疑問題後，若注意到對方開始打呵欠（通常會伴隨身體往後靠，手腳張開），請重新提出控制問題，觀察對方是否會停止打呵欠，若是，則進入再次檢查階段。

其它可以從嘴巴看出的說謊線索包括嘴唇緊閉、乾燥、缺乏血色——透過緊壓嘴巴肌肉阻止自己說出實話，而非以手遮口。但當事人的壓力來源也可能與謊言無關，但這依然是值得觀察的線索。

以運動明星訪談為例

我最近看過一段運動明星深度訪談的影片，他與妻子一同坐在沙發上，回答一連串的問題，我因此得以藉機觀察與建立行為基準線。

訪問者問：「兩位已經結婚一段時間了，你們看起來很幸福，不過經常要分隔兩地，一定很辛苦吧？」運動員回答：「沒錯，我們很幸福，要分隔兩地也不容易，但我必須做好我的工作。」在此之前，運動員的肢體語言與其它特徵都保持一致，但是當訪問者繼續問：「所以沒有女孩倒追你嗎？你不會像老虎伍茲一樣發生婚外情吧？」在那一瞬間，該名運動員首次調整坐姿，轉頭避開訪問者的目光，摸摸鼻子後回答：「不會，沒這種事。」基於法律因素，我不能透露當事人姓名，但我很肯定他在說謊。在他回答問題時露出明顯的線索團，而且在整段訪問中，就只有在這個問題上出現反應。他肯定在說謊。

說謊者愛摸鼻子

說謊者會常摸鼻子，一部分原因是想遮住嘴巴，另一部分也可能是因為流往鼻子的血液增加，導致發癢的感覺。

表面笑容

說謊後可以透過嘴巴製造表面笑容。表面笑容也可能是出於禮貌。

真誠笑容

真誠的笑容會牽動眼睛周邊以及全臉肌肉組織。如果你將兩幅照片中鼻子以下的部位遮住，只觀察眼睛，真笑與假笑的區別就很明顯了。

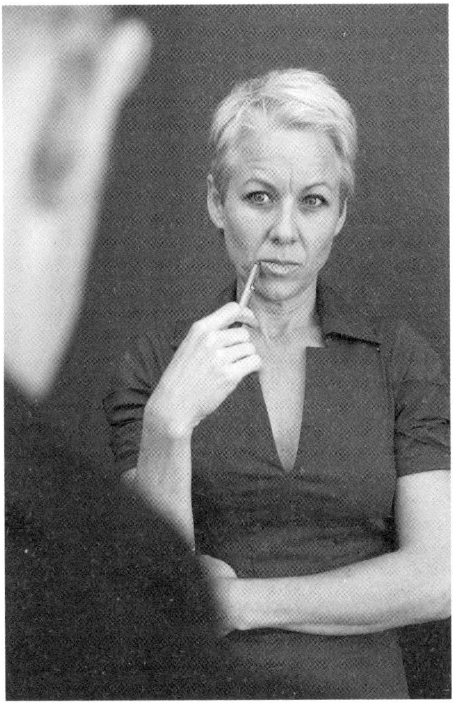

說謊者愛遮掩嘴部

說謊者會透過物品（例如筆）來掩飾嘴巴動作。

微表情——虛假一瞬間

艾克曼教授是微表情領域的領軍學者，其研究成果大幅提升解讀及辨識微表情的相關技巧。熱門電視劇《謊言終結者》（*Lie to Me*）的內容便是以艾克曼教授的部分研究為藍本，在劇中由卡爾・萊特曼博士這個角色呈現。

由於此主題本身就有其特殊性，並需深入研究許多學術期刊、文章及研究結果，方能有全面了解，不過各位讀者不必如此麻煩，本書已經幫讀者將最難的部分整理出來了！不過，如果你想學習更多測謊知識，建議你參加由艾克曼教授所提拱的線上課程。

本書的目的並非要提供測謊的深度學術資訊，而是希望能在最短時間內，迅速幫助讀者熟悉重要訊息，成為一名高準確率的測謊者，而微表情正是最重要的一環。

先前提過，人們說謊後會出現特定情緒（情緒反應），包括壓力、罪惡感、焦慮，甚至亢奮；上述情緒會導致特定的生理狀態改變（交感神經反應），進而產生某些罪惡感的特徵，例如坐立不安或逃避眼神交流。先前討論過，說謊者會刻意採取反制措施來隱藏罪惡感的症狀（認知反應）。

我們也發現，說謊者可以輕易控制某些症狀（例如手部動作與眼神交流），但有些症狀則較難控制（眨眼頻率及眼睛移動）。微表情是一個人臉上短暫出現的表情（二十五分之一秒），一般觀察者通常難以察覺。微表情瞬間就會消失，連當事人也無法控制。

因此，說謊者無法就微表情採取反制措施。微表情會展現出一個人真實的內心情緒，短暫到無法隱藏。對測謊高手來說，微表情無疑是最佳測謊工具。

微表情之所以有用，還有另外一個原因：一個人的微表情無關文化與種族，人類的微表情，無論快樂、悲傷、厭惡、蔑視、生氣、驚訝或恐懼，呈現方式都一樣，不會因人而異，故適用於所有人。

當你在觀察一個人的臉部表情時，別忘了還有許多與情緒無關的可能性，例如臉部也可以做表情（像眨眼），這類舉動便與特定文化習慣有關，無法適用於所有人。此外，人們會發展並使用特定的臉部行為，做為和其他人溝通的方式，例如挑眉。

要區分臉部表情（或臉部行為）與微表情最簡單的方式，即後者出現的速度一閃即逝，而臉部表情消失速度較慢且較明顯。表情是人與人之間傳遞、溝通訊息的方式；而微表情則是無法控制、一閃即逝的情緒。

觀察微表情時，**最主要是要觀察對方的說話內容是否符合微表情呈現的情緒**。

舉例來說，當有人問：「聽說西蒙昨天被解雇了，你怎麼看？」在回答的過程中（最短的時間內），臉上閃過一絲笑意（眼睛皺著，不光只有嘴巴）但卻回答說：「真可惜，他是個好人。」微表情所表現出的快樂、悲傷或失落，差異性都非常明顯。微表情已經說明事實：說話者對於西蒙的離開感到開心。

如果你跟大多數人一樣，之前沒注意過所謂的微表情，建議你盡快掌握這些刁鑽又容易被忽略、但確實存在的小細節。

經過練習後，你會發現在日後生活中，很自然會注意到這些細節，或許只是一閃而過，但是一旦注意到了，接下來最好要仔細聽內容，看看是否與微表情所表達的情緒相反。如果沒有異狀，表示說話者所說的是真實感受；若是相反，代表對方不想在你面前表現出真實情緒。

微表情透露出一個人無法隱藏或修飾的「真實」感受。可能某人帶著禮貌性笑容對你說：「沒關係，我很樂意在莎琪瑪拉咖啡館跟約翰碰面。」但說話的同時，你發現對方嘛起上唇，又迅速閉上嘴巴，眉毛下垂，這表示對方心裡是不願意的。對方刻意表現出開心的模樣，但對於碰面一事，他的內心是不願意的，只是基於禮貌掩飾心中的厭惡感。

我不認為需要為此詳細研究各種情緒所會牽動的肌肉組織與相關技巧，畢竟人類的臉部情緒表現不分種族與文化，應該一眼就能看出端倪。接下來本書會列舉七種微表情，以期幫助讀者在必要時迅速派上用場。

微表情發生的速度一閃即逝，一不注意就會錯過，因此在接下來的每個例子中，建議你只要專注在一項特定特徵即可。這部分是讓你辨識該情緒的指標，而不需注意該微表情所有的可能表現方式。話雖如此，但不代表你可以忽略其他部份。希望讀者能先專注於辨識建議部份，待熟悉到能迅速辨識下列七種情緒後，再進一步處理其他可能性。

快樂

笑容對稱，臉頰上揚，並且會牽動眼睛周圍肌肉，眉毛及上眼瞼之間的皮膚會微降——這很難發現，所以注意眼睛周圍就好。注意眼睛周圍是否有變化，如果沒有，表示這不是真的笑容。

注意

首先，你必須練習捕捉微表情，然後問自己，對方的表情是否與說出口的話相符？
臉部的微表情一閃即逝，在判斷謊言時，觀察對方的說話內容與微表情之間是否一致。

悲傷

嘴角下垂，眉頭緊鎖。注意嘴角是否真的下垂。

生氣

嘴唇變薄，呈現緊壓或緊繃微張的狀態。眉頭朝鼻樑方向下垂，緊皺眉頭。上眼瞼提高，眼睛睜大，表現出怒視狀態。請將注意力擺在嘴巴或眼睛的微表情。

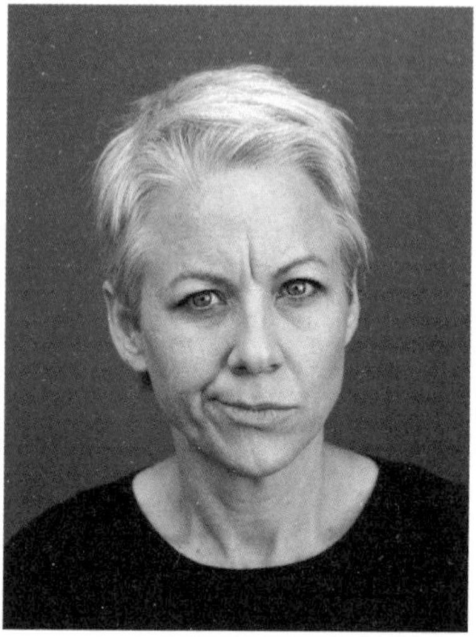

蔑視

嘴巴一側會向後拉緊，看起來像突然被拉扯了一下，當事人頭部會微微往後傾。這是唯一一種「不對稱」的表情。注意對方的嘴巴，如果表情不對稱，表示輕蔑之意。

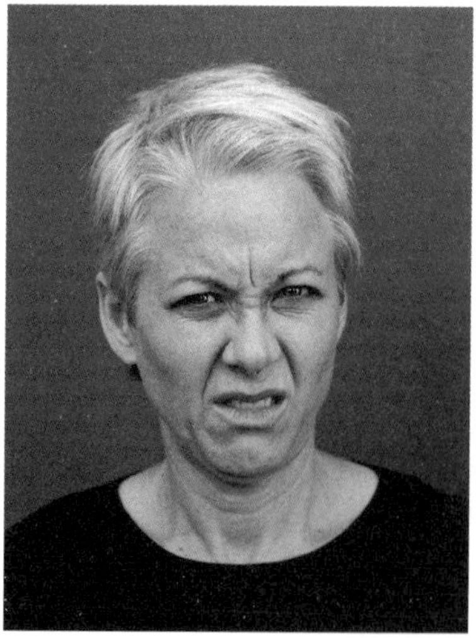

厭惡

上嘴唇上揚且放鬆飽滿，可能會露出牙齒，有時會皺鼻。將注意力擺在上嘴唇，觀察是否上揚後又迅速下降，是否保持放鬆飽滿。

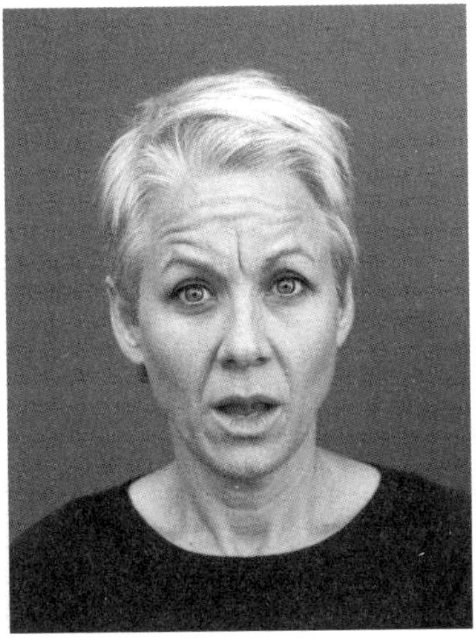

恐懼

眉毛上揚，但保持直線（彎曲弧度較小），眉頭往眉心集中。眼睛睜大，嘴巴橫向張開，嘴唇變薄。此時一般人較容易注意眼睛，但因為恐懼時的眼睛特徵與驚訝相似，因此建議觀察嘴巴，看嘴巴是否朝耳朵橫向張開。

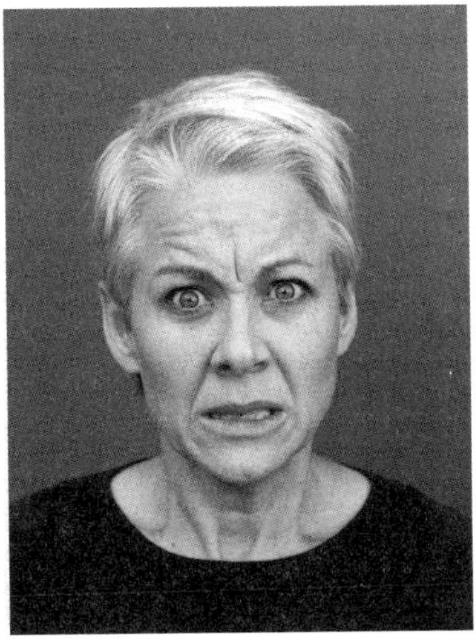

驚訝

眼睛睜大，眉毛短暫上揚。眉毛呈現彎曲弧度，嘴巴微張，下顎下垂——嘴唇保持放鬆。假裝驚訝的人嘴巴會張的過開，眉毛上揚時間過長。注意眉毛是否上揚以及快速下降，以及是否保持彎曲弧度。

釐清微表情之間的差異

與假話伴隨而來的反應一閃即逝，如果你不熟悉微表情的差別，不同的情緒看起來也會非常相似。我認為最難區分的是「生氣與蔑視」以及「恐懼與驚訝」。下列是這四種微表情的主要差異，希望能幫助讀者迅速做出判斷。

生氣 VS 蔑視

生氣與蔑視的微表情很像，眉毛都會下降、集中。然而，最明顯的差異在於眼睛與嘴巴周圍。

特徵／情緒	眼睛	嘴巴
生氣	睜大眼睛、怒視、眉毛下降與皺眉。	嘴唇變薄緊閉，或是緊繃微張。
蔑視	眼睛不像生氣時睜大，通常會瞇眼，眉毛下降，但不會皺眉。	上嘴唇噘起，雙唇放鬆飽滿，可能會瞥見牙齒。

恐懼VS驚訝

恐懼和驚訝兩者容易混淆，因為兩者的表情都涉及眉毛上揚與嘴巴張開。但明顯差別在於眉毛與嘴巴的形狀。

特徵＼情緒	恐懼	驚訝
眼睛	睜大眼睛、怒視、眉毛下降與皺眉。	眼睛不像生氣時睜大，通常會瞇眼，眉毛下降，但不會皺眉。
嘴巴	嘴唇變薄緊閉，或是緊繃微張。	上嘴唇噘起，雙唇放鬆飽滿，可能會瞥見牙齒。

小技巧

如果有人戴著墨鏡，或剛做完整形手術，或剛接受肉毒桿菌治療，就別費力去觀察對方的臉部表情了——肯定看不出來的！

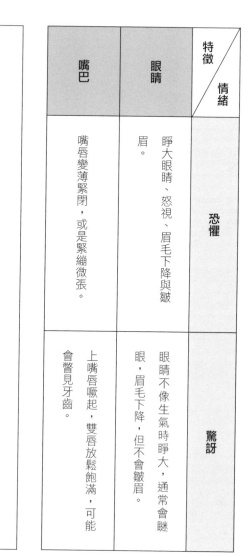

以同事互動為例

你身處工作場合，現場有許多人站著聊天吃東西。你懷疑星期五晚上，吉兒（右撇子）是跟另一個有婦之夫（布列特）在一起，而非如她所說是去看足球賽（她的托辭）。此刻，你就得打開「測謊雷達」。

花點時間建立可靠的行為基準線，提出你已知道答案且確定她會照實回答的問題，例如：「吉兒，你還記得去年辦公室是在哪間餐廳辦耶誕派對嗎？」在你提出控制問題後，觀察她與你之間眼神交流及眨眼頻率。你應該會發現她在回想餐廳名字時，目光是朝你的右上方移動。這表示吉兒的神經語言程式有觀察價值，她是在回想真實事件——是實話。

既然她說上週五晚上是去看球賽，你便可提出可疑問題，例如：「比賽現場人多不多？從觀眾身上的顏色來看，你覺得有多少人是支持主場隊？」在她回答的過程中，你發現她迅速眨眼兩次（一來是因為認知負荷，二來是想遮住眼睛），回答過程中，她的視線朝左上方移動（在心裡構建情景，而非回想事實），說：「我想兩隊的支持人數不相上下。」

接著，吉兒停頓片刻，喝了一口飲料並轉移視線（避免眼神交流，用杯子來擋住嘴巴——此刻她應該是口乾舌燥了）。你隨著她的視線方向看去，卻看不到有任何值得注意的事物。接著，你再隨口聊幾句。（提出控制問題，觀察並建立行為基準線）。

你繼續問她：「辦公室最近在傳說布列特有外遇，你有聽說嗎？」話一說完，你就發現吉兒的眉毛上揚，但隨即恢復正常，不過眉毛還是保持彎曲弧度，嘴巴微張（驚訝的微表情）。

她笑著回答說：「這在我們辦公室很常見，到處都有八卦，我早已見怪不怪了。」（她所說的話與臉上的微表情截然不同）。她邊說邊拿紙巾擦拭口鼻（遮住嘴巴並揉揉發癢的鼻子），接著改變話題。

對於吉兒，你的「測謊雷達」有什麼看法呢？

註解

3. 神經語言程式學（Neuro-Linguistic Programming），屬於實用心理學與行動策略的一種，涉及心理學、神經學、語言學與人類感知等領域。

2-4

説謊者的特徵——肢體語言

一個人説謊時，身體動作是會增加還是減少呢？不管你怎麼回答，答案都是正確的，因為説謊者的交感神經反應（戰鬥或逃跑的反應）很自然會導致動作增加，例如調整坐姿、抖腳或敲手指。

如果提出問題後，對方出現上述三種反應，幾乎就可以斷定他在説謊。但説謊者也清楚這一點。由於上述反應是由高度傳導通道所控制（立刻向大腦提供訊息），説謊者有高度的控制權；因此，説謊者會試圖採取反制措施（認知反應）來控制動作、隱藏罪惡感，進而導致説謊者身體移動的頻率低於正常情況，因為他們試圖控制身體動作、不想讓你看出異狀。

某些說謊者的動作會增加，某些會減少，所以該如何透過身體動作來判斷對方是否說謊呢？答案很簡單，只需要依照先前所提的測謊五步驟即可。

動機：對方是否有說謊動機？

提出控制問題：建立行為基準線。

可疑問題：提出犯罪相關問題。

指標：線索團中是否有說謊指標？

再次檢查：重新檢視。

提出控制問題之後，要觀察對方身體移動的頻率，建立行為基準線。當你提出可疑問題時，試著看看對方是否突然增加或減少身體動作，無論是增加或減少，都代表說謊的可能性。如果動作增加，代表交感神經反應（腎上腺素）導致對方動作增加，而動作減少表示對方刻意掩飾罪惡感。

如果你在詢問控制問題與可疑問題時，沒有發現對方身體動作出現明顯差異，表示對方應該是說實話。

透過觀察身體動作來判斷謊言時，最好是看動作是否出現不一致的情形。以下的身體線索可供觀察差異性時做為參考。請記得，如果一個人說謊，身體動作有可能增加，也有可能減少。

手臂與手掌

手掌冒汗通常象徵一個人的罪惡感。在我看來，這很明顯是壓力的象徵，也指出當事人在說謊。然而，一個人的壓力來源也可能是因為覺得自己說話內容受到挑戰。此外，在正常情況下，我們無法觀察一個人是從何時開始冒手汗、停止流手汗，以及手汗多寡。

因此，我們無法用先前提過的魔法測謊術來評估這項指標。雖然觀察某人因為壓力而流手汗是可以做為參考線索，但因無法持續評估，結果並不可靠。因此，我建議讀者觀察其他較可靠的說謊線索。

舉例來說，看看對方是否坐立不安或敲手指，手指甚至會發抖，這些指標都可在五步驟內完成評估。

如果說謊者察覺到自己坐立不安，他可能會採取的反制措施包括：將手藏在口袋裡、桌子下或雙手緊扣，希望能在你面前隱藏不安的感覺；對方跟你講話時也可能會抓著椅子、桿子或桌腳，藉此降低手臂動作。

如果你對此動作有所懷疑，那就看看對方抓得有多緊，你或許會發現對方比平常還用力。

有趣的是，**說謊者卻鮮少會做出指尖互搭的動作**——這是人們常用來傳達力量與自信的自然手勢。然而，說謊者有時會將指尖貼在臉上，藉此形成阻隔。說謊者通常會把手舉至臉部高度，主要是想擋住眼睛或嘴巴，或是偷偷地摸鼻子。

小技巧

請記得，如果肢體語言與回答內容有所衝突，這就是說謊線索。舉例來說，某人嘴上說非常在意你說的某件事，但你也注意到對方微微聳肩，表示心裡想的跟說的不一樣——其實對方根本不在意。

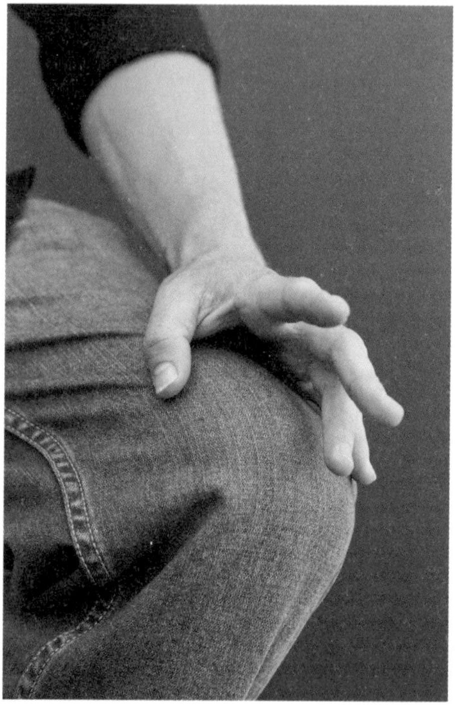

手指動作是關鍵

當你提出可疑問題後，若對方開始坐立不安或敲手指，表示有說謊的可能性。

身體完全不動也是說謊的指標。

對方在回答控制問題與可疑問題之間所出現的差異性，才是你要觀察的重點。

腿部與雙腳

下肢動作是經常被低估、遺忘的說謊線索。說謊者往往會注意並刻意減少手臂動作，但卻忘了控制雙腳的反應，認為反正有桌子當掩護，不會有人會注意到腳部動作。說謊者的下肢特徵是微微抖腳。

為了減少此一動作，說謊者會選擇**翹腳**或**緊扣腳踝**。說謊者會以手貼腳，減少腳部動作，身體看似有些僵硬。說謊者就坐時會雙腿大開，大腿抵住椅子扶手，藉此保持穩定不動，有時還會靠著椅背故作放鬆，甚至假裝打呵欠，裝出不感興趣且不在意的模樣——這就是破綻。

除非他們在回答控制問題時也在打呵欠，若是如此，可能你得換個有趣的控制問題了！

小技巧

- 想知道一個人的身體動作是否增加，可以觀察雙腿。
- 如果能看見的話，請特別注意腳部與腳趾，因為即便對方扣住腳踝、抵住椅子或用手壓住腿部，足部與腳趾的動作通常不會受影響。
- 觀察腳部與腳趾的小動作，因為這些部位很難控制，說謊者難以掩飾，因為他們還得專心控制手臂動作，努力隱藏其他明顯的說謊線索。

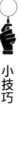

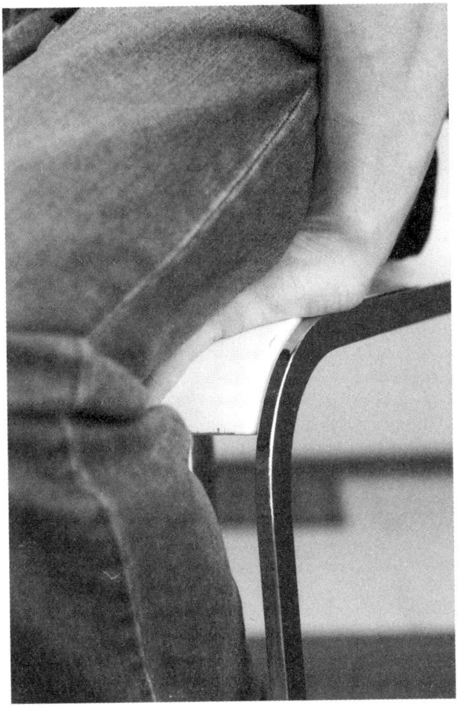

坐姿透露一切

如果說謊者意識到自己坐立不安，便會設法隱藏，例如將手藏在口袋裡、桌子下或雙手緊扣。

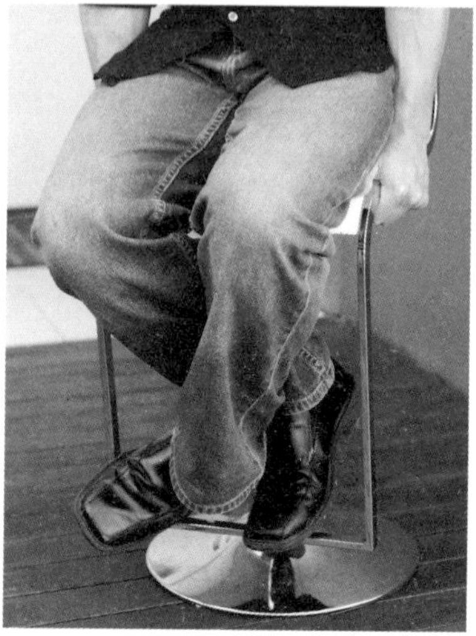

翹腳是警訊

説謊者的腿部會微微發抖，為了隱藏此舉，他們會翹腳或緊扣腳踝。

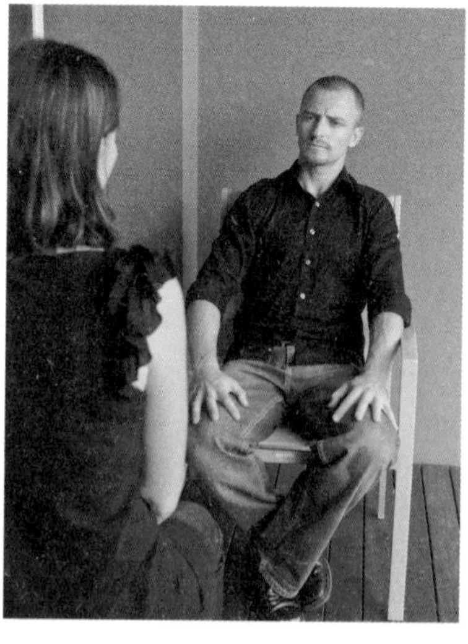

雙腿抵住椅子

説謊者會將雙腿抵在椅子扶手旁，避免產生動作。

説謊者會假裝放鬆——如果進一步觀察，會發現對方雙腿緊貼椅子，手掌握拳，手臂緊貼椅背。

頭部

一個人說謊時，身體與言語內容通常會有衝突。如果你花點時間觀察說謊者的頭部動作，並且仔細聆聽對方的說話內容，就會發現明顯有矛盾。

對方可能嘴巴上說同意，但身體卻搖頭說「不」。同樣的，我也看過說謊者嘴巴說「不」，但身體卻點頭說「好」。這種矛盾就是具有價值的說謊線索。

姿勢

面對壓力時，說謊者的身體姿勢會偏為封閉，希望縮小所能掌控的空間範圍，可能採取的動作包括雙腿交叉、手臂交叉、弓起肩膀，如果是坐著，可能會微微往後靠。

當你提出可疑問題時，說謊者會迅速將身體轉向另一邊或調整坐姿，假裝受到干擾，看著另一個方向。如果在你提出可疑問題前對方並未做過相同動作，這應該就是說謊線索了。

另一方面，誠實之人會呈現出開放且自在的身體姿勢；相反的，**說謊者身體**

會比較僵硬、封閉且透過往後靠來拉開與提問者之間的距離，甚至會在自己與提問者之間擺放東西阻隔，做為舒適區或保護屏障。

在辦公室開會時要製造屏障很容易，只需拿起文件夾或將某些文件舉至胸前高度即可，這都不失為隱藏說謊線索的好方法。

不過，有時候說謊者也會刻意把身體往前傾，努力裝無辜（增加眼神交流機會），試圖說服提問者相信自己口中故事的真實性，當下幾乎跟充滿幹勁的銷售員沒兩樣。

在此同時，他們也會配合說話的節奏點頭，在夠有自信的情況下，甚至還會一邊說話、一邊敲手指。如果有人在你面前這麼做，努力說服你相信某事，那你就先問問「測謊雷達」——無辜的人不需如此費力，他們本身就認為自己無罪。

如果一個人越努力想說服我相信他是無辜的，我就越懷疑他有罪。

如果你有機會上網搜尋美國前任總統柯林頓在李文斯基事件中的作證影片，你可以觀察他身體往前傾的次數，以及他是如何想以此說服現場的觀眾；有些陳述內容搭配當下說話的姿勢，透露出他的答案有問題。

說謊者的另一種反制措施是刻意放鬆身體、張開雙臂與雙腳，並將身體往後靠。當然，你可以在建立行為基準線時觀察這些動作的頻率，如果有刻意增加或減少都代表說謊的可能性。

小技巧

在你看不到的情況下，說謊者會感到比較自在。

捫心自問，如果你必須對老闆或具有權威性的人（例如警察）扯謊，你希望是透過電話還是面對面？

之所以感到自在，主要是因為身體動作得以隱藏，以為不會輕易在他人面前表現出說謊線索。

因此，你要記住這一點，事先要規畫好，在對方毫無機會遮蔽的情況下才提問，要給予自由的活動空間，不要讓他們坐在桌前或有機會透過其他物品來隱藏動作（限制透露罪惡感的動作）。

封閉姿勢

說謊者通常會採取封閉的姿勢，縮小可控制的範圍。

他們可能會翹腳、雙臂交叉、弓起肩膀，如果是坐姿，甚至會微微往後靠在椅背上。

提出可疑問題時

當你提出可疑問題時，說謊者會立刻改變身體姿勢，避免面對你，或是調整坐姿，或是假裝受到干擾，看其他方向。

說謊者的身體較為僵硬

說謊者的身體比較僵硬，藉由身體往後靠來換取與提問者的距離，或是在身體前以物品做為屏障。

誠實者的身體較為放鬆

開放且放鬆的身體姿勢。

封閉的身體姿勢

雙手、手臂與雙腿都緊繃，避免有所動作。

2-5

説謊者的特徵——語言線索

先前在〈人類有辨識謊言的本能〉一節中曾提過，麥拉賓發現人與人之間的溝通方式中，百分之五十五是非語言類行為（身體如何動作），百分之三十八是聲音（説話方式），只有百分之七是靠語言（説話內容）。

到目前為止，我們已經有足夠的理由將觀察重點擺在説謊時的非語言類特徵。

在我看來，對剛開始學習測謊技巧的讀者而言，非語言類的特徵還是比較容易觀察與記住。然而，有鑒於百分之四十五的溝通方式依然取決於語言的陳述內容與表達方式，我們還是得花點時間討論語言中的説謊線索。

訊息搭建

聰明的說謊者傾向將謊言包裝在事實裡，而非杜撰全新的故事。方法之一就是透過訊息搭建過程。

所謂訊息搭建，意指一個人僅「胡謅」一部分的故事內容；也就是說，如果再進一步探究細節，謊言便會被戳破。以下是訊息搭建的例子，看看你是否能判斷出故事中何處是當事人不想進一步討論、試圖隱瞞的細節。

問：「請詳細說明你今天早上做過哪些事情。」

答：「我早上起床後，先洗澡、著裝，然後給自己倒了一杯咖啡，到前院拿報紙。我在廚房看完報紙後，便抓起車鑰匙出門。我跟鄰居約翰．都伯斯同時出門，我們都走河岸高速進城，當時的交通擁擠，但還是順利抵達公司。走出公司電梯後，我走向辦公桌，放下東西，打開電腦，開始處理文件。」

仔細閱讀他的回答內容，你應該會發現細節很多，過程也非常合理，只不過：從進城後到出電梯之間發生的事情不見了。他把車停在哪裡？既然當事人先前鉅細彌遺提供上午的相關細節，自然也應該會提到停車地點，在停車場做過何事，甚至在停車場看到什麼。這就是在文字上動手腳，試圖掩蓋發生過的事件。

說謊者經常在對話中增加搭建訊息的經典詞彙包括：**「再來我知道的就是……」**、**「不久後……」**、**「碰巧的是……」**、**「然而……」**以及**「然後……」**。

如果你聽到上述的詞彙，表示對方可能要開始搭建訊息，掩蓋真相。透過仔細聆聽答案，當對方突然跳過某部分故事內容，你就能清楚聽出對方搭建訊息的企圖。

但也請記住，的確有人會透過搭建訊息來掩飾部分故事內容，但純粹只是對方不想多說，認為你對那部分的細節不會感興趣，又或者那不是重點。

所以，如果有人告訴你一件事，即便其中出現訊息搭建的情況，也不代表對方說謊，可能只是不想拿無聊的事情煩你罷了。當然，如果某人在特定事情上一再搭建訊息，就該是時候啟動「測謊雷達」的時候了。

轉移

轉移指的是**轉移某人對某事的注意力**，以避免被質詢，或是逃避問題。說謊者會巧妙進行，通常會表現出極力回答某一問題的樣子。

巧的是，政治人物都很擅長這個技巧！下次你看到政治人物被電視記者拷問某件明顯有問題的事情時，一旦他們迴避問題，你就仔細聽聽他們是如何轉移話題，如何試圖將焦點轉移到他人或其他政黨身上，例如：

問題：「你為什麼不多建幾條道路，好舒緩交通壅塞問題呢？」

回答：「交通壅塞是全國問題，事實上，國外也有相同問題，路上車輛越來越多，加上需要考慮環境因素。我們已經投入許多金錢研究環境因素，並致力於保護環境以及我們孩子的未來。」

狡猾的政治人物根本不會正面回答問題，而會轉移對話內容，說些自己能掌控的事情。如果每次你一提到可疑的事情，發現對方**立刻改變話題**，這表示對方想轉移話題，避免討論你口中的可疑之事。此時，請打開你的「測謊雷達」。

人們利用轉移話題的技巧加上訊息搭建，得以在日常對話中形成保護層。既然你已經知道說謊者的策略，如果下次有機會遇到某人使用這些技巧，事情就會變得很有趣——你知道對方肯定有事情不想告訴你。

雖然這不能代表對方欺騙你，但肯定有事瞞著你。如果真想知道答案，你可以專挑對方轉移話題或搭建訊息的部分追問，通常對方會說這不重要。沒錯，肯定有事瞞著你。

甚至連小孩都會採取相同策略，避免全盤托出真相。例如：

小孩：「爸爸，我在客廳跟崔西打電動，我快破最高分紀錄時，接下來我只知道崔西開始打我。」

「接下來我只知道」是搭建訊息的方式，隱藏的事實是：輪到崔西時，肯把遊戲機搶走。

父親：「你有做什麼事情惹她生氣嗎？」

小孩：「我們就在玩，而且今天崔西在學校被老師罵了。」

轉移話題，不談自己造成的衝突事件。

使用簡答與過度強調細節

一般來說，人們說謊時會避免使用簡答，例如平常回答「沒啊」，說謊者可能會說「我沒有」，而騙子可能會說「我不記得」——因為試圖讓自己說的話更具說服力，讓答案聽起來更肯定。

騙子有時會用類似的表達方式過度強調答案，例如「我不會說謊」、「我從沒說過謊」或者「大人從小就教我絕對不能說謊」。此外，如果你聽到下列表達方式，例如：「我以我母親的性命發誓」、「老實說」、「很坦白講」、「我講的全是實話」，此刻就要打開你的「測謊雷達」，因為接下來可能要面對一連串謊話了！

柯林頓總統在一九九八年一月二十六日所說的話，正是用來解釋何謂「過度強調」的經典案例：

「現在，我得回去繼續準備國情咨文演講，我昨晚已經工作到很晚，但我還是想告訴美國人民一件事，希望大家能聽我說。我要**再次強調**：我**沒有**和李文斯基那個女人發生過性關係。我**從不**對任何人說謊，**一次都沒有，從來沒有**。這些傳言都是子虛烏有。我必須要回去繼續為美國人民工作了。謝謝。」

另一種過度強調故事內容的方式便是在答案中提供過多的細節——多到超乎預期。說謊者希望能藉此增加說服力。正如同無所不用其極的汽車銷售員，他們會以各種汽車性能及比價性等種種理由說服你買車；而說謊者是以事件細節轟炸，努力想說服你相信他們的清白。說謊者可能也認為，如果說出模稜兩可的答案，反而會增加嫌疑，因此選擇陳述細節做為反制策略。

不管原因為何，如果你的問題得到過度仔細的答案，那就要特別注意。**面對解釋過度的答案，最好的方式就是先保持沉默，然後再提出另一個問題。**

切記不要在言語或行為上表現出你相信與否。如此一來，對方會陷入心理戰，因為他們迫切希望得到回應，希望你相信他們的清白。

如果你不做回應，繼續保持沉默，對方就會繼續說明細節，內心更加膠著，而答案中的謊言也會愈變愈多、愈變愈長，最後甚至可能說出與原本的問題八竿子打不著關係的答案。

有時候說謊者在某個時間點會意識到自己鬼話連篇，為了扭轉局勢、努力說服你，對方會決定承認自己先前說的並不完全是事實，但現在準備要說實話了，例如說：「好吧，老實告訴你……」然後一切又重新上演：對方說出更多謊言，而你依然選擇沉默。

說謊者通常會要求你重複問題，或者會自己把問題再說一遍，形式上可能很大聲，也可能是喃喃自語。這能提供更多思考時間，構思編造回應內容。你上一次與他人在正常對話的過程中，突然被要求重複問題是什麼時候？或是上一次對方主動重複你的完整問題是何時？在正常情況下，這種事情非常罕見；一旦發生，對方會尋求停頓並利用時間組織回應。狡猾的說謊者在回答前會先清清喉嚨，也是為了製造時間來編造謊言。

說話模式

一個人說實話時，不管主題為何，說話都有固定的模式，有特定的節奏與音調；而說謊者在對話過程中，語速往往會忽快忽慢。此外，說謊者的音調在實話與謊話之間會有所改變。通常一個人在面對說謊壓力時，音調會提高。

說謊者放慢講話速度是因為內心負載過多資訊（認知負荷），除了要思考先前的謊言內容，還得顧及當下該如何說出最佳謊言。相較之下，說謊者在陳述無須編織的內容時，語速便會加快。

如果一個人的說話速度迅速加快，他也可能是在說謊——他口中的謊話可能已經演練多次，也可能在許多場合都已重複說過。你該如何區分？答案是：觀察對方在回答控制問題與可疑問題時的說話模式。如果對方僅在回答可疑問題時加快或放慢語速，你不妨注意是否還有其他說謊線索可以證明你的疑慮。

小技巧

- 觀察對方的回應方式：是否先快速回答（例如「是」或「不是」），緊接著一陣暫停，然後說出答案。上述過程代表說謊者希望能透過快速回應來表示自己的清白，因此才會快速給出答案，但接下來還需要時間思考該如何構織故事內容。
- 除了改變說話模式，說謊者比說實話的人更容易發音錯誤。如果他們在回答可疑問題時開始出現口吃、停頓或發錯音的情形，這可以視為說謊的特徵。
- 當言語上受到挑戰時，說實話的人會持續提供有用訊息並表現出自信，因為有沒有做自己最清楚，因此實話的回答內容是出於自發反應，說話時具有一定的節奏與流暢度。
- 一個清白者會對應該負責的人表現出某種形式的厭惡，而不是對指控者。當說謊者受到挑戰，對話中的回答內容有效度較低，語調會提高，語速也會變得快慢不定。他們可能提升防衛心。

以美國前總統柯林頓為例

某些人會將手指貼在臉上，形成一種阻隔——摸鼻子或嘴巴——像柯林頓總統數次在大陪審團前作證的模樣。

◎版權所有：C-SPAN

柯林頓總統在作證過程中身體向前傾，向聽眾推銷他的故事版本。政治人物、賣力地銷售人員（無所不用其極的人！）都會以此方式推銷自己的論點，希望能說服他人；這種動作有時代表實話，有時代表謊言。

◎版權所有：C-SPAN

過度強調：「我要再次強調：我沒有和李文斯基那個女人發生過性關係。我從不對任何人說謊，一次都沒有，從來沒有。」

◎版權所有：C-SPAN

2-6

重點總結

魔法測謊術（M.A.G.I.C）五步驟

Motivation

動機：對方是否有說謊動機？

Ask Control Questions

提出控制問題：建立行為基準線

觀察正常的行為表現與說話模式。

Guilt Questions

可疑問題：提出犯罪相關問題

提供説謊或説實話的機會。

Indicators

指標：線索團中是否有説謊指標？

尋找在回應可疑問題時出現的行為或説話模式差異，説謊線索會不斷出現。

Check Again

再次檢查：重新檢視

再度提出控制問題，然後提出可疑問題，如果線索團再次出現，表示對方説謊）

觀察眼睛時要注意的三件事：眼神交流、眨眼頻率與眼睛移動方向。

當你提出問題時，對方的眼睛應該會：

- 以橫向往右上方（你的右邊）移動，代表正在回想實際發生過的事情
- 由此可知，對方的回應內容是真實經歷過的事情。
- 以橫向往左下方（你的左邊）移動，代表心裡正在編造某些不曾看過或聽過的事情；由此可知回應內容是對方不曾親身看過或聽過的事情，是在編造、虛構故事情節。
- 對慣用左手的人來說，上述模組中的眼睛移動方向與意義正好相反的。
- 可以藉由控制問題，詢問對方真實經歷過的事情，並藉此判斷方向。

• 有時一個人會直視前方，眼睛幾乎一動也不動，而且眼神看似毫無焦距。這是對方在回想真實事件的特徵。

口部特徵

說謊者喜歡遮住嘴巴，有些人會摸鼻子，藉此用手暫時遮住嘴巴，但也可能是因為鼻腔組織充血而發癢。

笑容

- 真誠的笑容會牽動眼睛周圍肌肉，笑容的形成與消失都需要時間。
- 表面的笑容最主要指牽動到嘴巴周圍的肌肉，形成與消失的速度都很快。

微表情

- 微表情是不經意迅速呈現的自然表情，有時看起來會像抽搐。
- 一個人的微表情是無關文化與種族，人類的微表情，無論是快樂、悲傷、厭惡、蔑視、生氣、驚訝或恐懼，呈現方式都一樣，不會因人而異，故適用於所有人。
- 微表情一閃即逝，短暫到連當事人也無法控制。微表情呈現一個人內心真正的情緒反應，表現速度快到無法隱藏。尋找微表情與陳述內容的落差。

說謊者會採取反制措施

舉例來說，說謊者說謊時會刻意增加眼神交流機會或是減少身體動作。如果他們的行為與你建立的行為基準線出現矛盾，即為反制措施，說明對方在說謊。

說謊者的口頭線索

- 說謊者會避免使用「沒啊」之類的簡答，而會傾向多加使用「我沒有」之類的完整表達。
- 部分說謊者在回答時會過度強調細節，或者像積極的推銷員般，努力說服你相信他們的清白。
- 尋找不一致的說話模式及語調。說謊者經常使用的訊息搭建詞彙包括：「再來我知道的就是……」、「不久後……」、「碰巧的是……」、「然而……」以及「然後……」。

開始練習

至此，你已經掌握到測謊的所有基本訣竅了。（別懷疑，就是這麼簡單！）

無論你準備好了沒，都該練習了！開始一場有趣的測謊之旅吧！如果能將本書內容練習愈多次，你的測謊準確度就會愈高。

小孩是你練習測謊技巧的好對象，因為他們還沒學會如何隱藏謊言，因此說謊特徵非常明顯。你也可以找朋友或家人練習，因為即便他們說謊，最後也會告訴你實情與意見。你會從中學到很多。

本書所提供的技巧並非魔術，也沒有絕對的科學根據。不管你的年齡、性別、語言或文化背景為何，只要經過練習，肯定能大幅提升測謊準確度。

如果一開始練習測謊的結果不盡人意，也無需太過沮喪，因為這種事情將常發生。請記得，你的準確率是以百分之四十五到五十為起點，而目標是百分之七十到八十。即便是再厲害的人肉測謊器都有可能會遺漏訊息，但我可以保證，如果你能善用本書中所提供的資源，未來肯定能成為高效率的人肉測謊器——這絕對是實話！

CHAPTER THREE

第三章

實況教戰

3-1 給父母與老師的小技巧

有些人可能認為利用本書提供的方法測試小孩說謊與否並不恰當，會侵犯孩子的個人隱私。然而，我相信在正常情況下，了解事實才是真正為孩子著想，並且形成適當的親子教養關係。

我並不鼓勵時時測試孩子是否說實話，而是在需要的時候才進行。記得要善用魔法測謊五步驟。

以下是可以運用在孩子身上的技巧：

問題內容要符合孩子年齡

你的問題強度應該要取決於孩子的年齡。舉例來說，對十七歲的孩子問題可以較為尖銳，但對八歲的孩子就要溫和一點。

此外，要記得五歲上下的孩子應該還沒發展出說謊技巧，可能也不會說謊。他們告訴你的話，可能只是他們的想像內容。

我的其中一個女兒四歲時曾「老實地」告訴我說，是蜘蛛弄壞了我們家的噴水器。就事論事來看，這肯定不是真的，但對小孩來說，她對自己所說的話深信不疑。

你不該跟孩子計較這一點，因此要小心，不要因孩子的想像力而懲罰他們。

此外，如果你過度逼迫孩子回答問題，他們最後會不管三七二十一，只選擇說你想聽的答案。這會增加權力不對等的情況，導致關係惡化。

就像同一個學生面對年輕老師的詢問與校長的詢問，感覺是不同的。準確的測謊目的在於找出事實真相，而不是強迫無辜者認罪。**依照孩童年齡仔細提出適合的問題，才能達到準確的結果。**

避免過於自信，保持客觀態度

先前討論過，對做父母的人而言，基於親子關係的親密感與自信心，在判斷孩子是否說謊上，天生就有障礙，更別提要對孩子測謊，這更難辨了。

因為你深愛著這些小壞蛋，加上先入為主的本能想法，你會錯失說謊線索。在進行適當評估前（使用魔法測謊術）就先判定孩子說謊與否，會導致錯誤的結果。

對當老師的人而言，同樣也不該以孩子過去的紀錄做為判斷的依據。學生過去說謊不代表在所有情況中都會說謊。

反之，平常看似正直的模範生，有時也可能說謊。如果你心中已經懷疑孩子做過偏差行為，或預設孩子是無辜的，你就很難保持公正。為提升你在不同事件的測謊準確度，這個方法需要保持頭腦理智，除了仔細提問，還需不偏不倚的運用魔法測謊術。

孩子身體的吶喊

遇到難以應付的小孩，我建議你，在提問時，最好讓孩子站著，因為孩子對臉部及身體肌肉的控制能力不如大人。

因此在使用魔法測謊術的過程中，從控制問題轉為可疑問題時，犯錯的孩子其身體動作會與誠實回答時出現不一致的情形。在這種情況下，孩子的動作會更加明顯，你可以善用這一點。

嚇唬孩子的利與弊

有些家長和老師會嚇唬孩子，表示只要孩子說謊，大人一定會知道。

這一招一開始都非常有效，但等到有一天孩子發現事實，他們知道原來你不是每次都會發現謊言，你就會失去信用與孩子對你的尊重。請記住，一般人在沒有經過訓練的情況下，謊言辨識的準確率只有百分之五十；經過訓練、獲得知識後，最高的準確率約為百分之八十。

魔法測謊術並非無懈可擊，所以即便你抓到孩子說謊，不要對他們說你每次都知道，因為你不行（我也做不到）——但是你可以讓他們有這種感覺。隱晦的嚇唬效果更好，有效時間也較長。

案例

我清楚記得，我七歲時弄壞了弟弟的腳踏車，還以為沒人知道，但其實父親發現了，我也付出了慘痛代價。

「你怎麼知道的？」我問他（當時不知道是鄰居告訴父親的）。而父親當時只回答一句話：「這些事情有時候瞞不了我。」

從此之後，我一直認為父親會讀心術，幾乎不敢對他說謊。如果父親一開始就告訴我，說任何事情都瞞不了他，等到哪天出錯了，我就會發現他騙我，而發現真相後的我，便可以自由自在的說謊了。但是，因為我不知道他究竟是何時會知道、何時無法知道，這種折磨感讓我變得更加誠實。

所以我建議你對孩子或學生採取相同策略。如果你抓到孩子說謊，告訴他們說「媽媽有時就是知道」會比說「你一說謊我就知道」或「我就是知道／小鳥告訴我的」來的管用——這種話只會讓他們討厭小鳥罷了！

從謊言中學習

對家長來說，學習判斷孩子說謊線索的最佳方式就是要有耐心，好好研究孩子的行為，不要等到事態嚴重才想搬出本書的技巧來用——這一點都不可靠。

我建議要等待適當機會，透過魔法測謊術以外的方法，觀察並學習孩子犯錯的行為表現。你必須先獲得可靠資訊，而且是孩子自認很有信心、認為你絕對不知道的事情。

舉例來說，如果學校老師通知你，說你引以為傲的寶貝在學校考試作弊被抓到，你就可以利用這項可靠訊息，搭配使用魔法測謊術。

當你提出可疑問題時，觀察孩子的說謊線索——肯定有的。記住你發現的線索，或許以後能派上用場，千萬別讓孩子知道你已經發現他在說謊。如果孩子相信這次可以安全過關，下次很自然就會使用相同方法。一旦又發生重大事件，你可以再次使用魔法測謊術，看看是否會出現類似或相同的線索。如此一來就更加可靠了。

最後提醒親愛的父母，請記住，隨著孩子年齡增長，對孩子測謊的難度會越來越高。一旦判斷錯誤便會造成傷害，因此請謹慎處理。

做為教師的你，同時要面對許多學生，難度又更高了；但請你不要試圖歸納每個學生的說謊線索。請記住，對學生預設立場（無論是正面或反面）都是對準確度最大的威脅。因此，請你只在真正必要時才開啟「測謊雷達」，並且在任何情況下都要保持不偏不倚。

孩子身上最明顯的說謊線索

眼睛：觀察眼睛，孩子的眼神會到處看，但就是不看你的眼睛，這一點在小朋友身上尤其明顯。同樣也要觀察眼睛移動方向，看看孩子是真的在回憶某事，還是心裡在編故事？

玩弄物品

七歲以上的孩子這一點尤其明顯，也是一種自然地分心工具。孩子將注意力轉移到物品上，彷彿他們很忙似的，如此就不必對上你的眼神。對更小的孩子而言，他們會到處看，但就是不看父母。

以手遮口

在孩童身上，這一點尤其明顯。小孩可能會用整隻手遮住嘴巴，試圖不讓謊話脫口而說。年齡稍長的孩子會比較有技巧，但還是會把手貼著臉，或是透過拿水杯來擋住臉（同時轉移你的視線），然後喝水時也能遮住嘴巴。

說話模式

在孩童身上，這一點非常明顯，一旦在思考編造故事內容，說話速度立刻變慢（因為認知負荷增加），而在回應虛構內容時又會加快語速（彌補先前因「罪惡感」而拖延的時間）。

青少年也會如此，不過技巧會好一點。青少年會利用言語岔開話題，主動問你問題卻不回答你的問題，或是說出與話題無關的內容。如果該青少年平常在回答實話時表達都很簡短，那麼當他說出過度詳細的回答內容時，很明顯就是說謊特徵了。

沉默以對

孩子回答後，**如果你無法判斷究竟是真是假，請稍做暫停——稍待片刻，眼神盯著他們，但不要有任何表示。**

這一點很重要，如果孩子心中有罪惡感，他們會不斷看其他東西，不敢看著你；而年齡稍長的孩子會短暫瞄你一眼，看看你是否相信他們的謊話。

不管是哪種情形，孩子都會急著想知道你是否相信了謊話。如果你沒有任何回應或表示，都會對孩子的罪惡感形成壓力。

孩子可能會補上一句「怎樣？」來刺探回應，或是重新包裝答案，提供更多細節以增加說服力。這就是罪惡感！

3-2

給面試者的小技巧

招聘面試與談判過程如果要達到成功效果，必須考慮許多因素。雖然在面試與談判過程中不見得會出現特定說謊線索，可一旦有說謊情況發生，本節提供的技巧將有助於你迅速做出判斷。

求職者通常來自許多不同背景，也都跟面試者有不同的關係「強度」——而你與前者的關係強度通常較弱。但有些技巧適用於這些對象身上。因此本書將需注意的事項列於此頁，請記得隨時善用魔法測謊術。

緊張是正常的

本書曾討論過不同的説謊線索，有些特徵在一個人緊張時會表現特別明顯，例如嘴唇乾燥、封閉的身體姿勢，以及明顯吞嚥口水。

在正常情況下，當這些線索出現在回答可疑問題時，即代表説謊的可能性。但如果是用在談判者與面試者身上，情況就稍微不同了，因為兩者與你的互動從一開始就是處於緊張狀態，是隨著進行過程而逐漸放鬆。

因此，如果你利用魔法測謊五步驟，對方在緊張的情況下回答控制問題，而你卻以當下的反應做為説實話的行為基準線，等到對方回答可疑問題時，對方可能已經因為熟悉環境而放鬆，看起來倒像在誠實回答問題，結果事實並非如此。

最好的方法就是慢慢來，接受對方可能很緊張的事實，給他們時間緩和情緒。在談判與面試的過程中，你有大把時間與機會可以辨識謊言，但要達到準確度，建立可靠與真實的行為基準線非常重要。

為了幫助對方緩和情緒，可以先提出簡單問題，或討論一些不相關的事情，例如天氣、交通，甚至是咖啡。等對方情緒穩定後，你再提出控制問題，建立可靠的行為基準線，如此一來才有助於在可疑問題階段辨識說謊線索。

設定環境

在面試與談判過程中，你可以利用環境優勢幫助你判斷謊言。先前提過，說謊者因為交感神經反應（戰鬥或逃跑的反應）會自然增加身體動作，例如頻繁調整坐姿、移動雙腳或敲手指。因此，說謊者會控制或隱藏動作，做為隱藏罪惡感的反制策略（認知反應）。在此情況下，你可以採取「反制反制策略」，使其難以隱藏因罪惡感而產生的舉動。以下提供幾個簡單而有效的措施，可以讓對方的動作無所遁形：安排對方坐旋轉椅；讓對方的座椅高度略低於你的位置高度；安排室內擺設，方便觀察對方下半身的動作（說謊者較難控制低度傳導通道的反應，例如腳與腳趾的動作）；以及在桌上擺放容易拿取的物品，例如筆或橡皮擦。上述措施的目的在於讓對方能自由行動，如此一來，當你提出可疑問題時，例如：

「你被開除了嗎？」或是「這是貴公司所能開出的最高價格了嗎？」若對方說謊、顯示出罪惡感的動作，你很快就能察覺。

訊息搭建與轉移注意力

先前提過，訊息搭建是一個人「胡謅」部分故事內容，也就是說，如果要求對方仔細描述，謊言可能就會被戳破。

有時在面試與談判過程中，說謊者為了想轉移你對某特定領域的注意力，便會採取訊息搭建的方法。當求職者或談判者選擇此一作法，表示有值得你深入探究的漏洞或領域，因為對方肯定有事瞞你。如果是求職者，可能是對方的工作記錄出現斷層；如果是談判者，代表要在特定時間內達成特定目標可能有困難。

案例：申請加入健身中心

面試官：「可否麻煩你說明近期的工作經驗？」

求職者：「我在木門健身中心工作過十三個月，一週有三天是負責所有的有氧課程及循環訓練，其他的時間則負責協助處理行政事務，可以說我對業務這一塊也非常有經驗。木門健身中心結束營業後，我換到阿什比健身中心工作一段時間，而我現在非常希望有機會能加入馬吉健身中心，任何方面的工作我都可以做，包括行政、健身指導、個人訓練等等都行，我是非常有幹勁的人。」

你能看出求職者想要快速帶過哪方面的個人訊息嗎？他在哪裡搭建訊息？是否有巧妙轉移話題？你看到回答時應該有注意到，該求職者敘述了許多在木門健身中心的工作細節，但在阿什比健身中心的一切卻變得模糊不清（訊息搭建），然後說到對新工作的期待，訊息量再度增加（轉移話題）。至此，我會建議面試官多問一些關於在阿什比健身中心的事情，或者有必要時，直接去電詢問。

談判過程也會出現類似情況，當對方在特定方面試圖轉移你的注意力，你就要特別注意——這是警訊。

訊息搭建與轉移話題都不能證明對方欺騙，但卻能提醒你該注意哪些事情。

3-3

給談判、協商者的小技巧

若想達到預期結果，在面試與談判過程中提出正確問題是主要關鍵因素。在過程中若想找出謊言線索，最好的辦法就是出其不意提出問題。

如此一來，誠實之人會迅速恢復狀態，而說謊者會因為突如其來的問題增加認知負荷，其表情會像「露出馬腳」並在言語上露出破綻。為了將你的問題發揮最大影響效果，時機就很重要了。

客氣→友善→尖銳的語氣轉換

我建議採取「客氣—友善—尖銳」的方法，此一方法是先以「客氣友善」的方式讓對方卸下武裝，然後出其不意丟出「尖銳」的問題。

對誠實的人來說，這不會構成任何問題，因為只需說出既有的訊息；但對說謊者而言，他們必須迅速編造訊息，加上先前的友善態度已經讓他們卸下心防，可以說幾乎沒有時間反應，這會使說謊者露出更明顯的說謊線索。

為了提升效果，在你提出尖銳問題時，記得緊盯對方眼睛。

還有一件重要的事情要記住，當你使用這項技巧時，請**避免同時提出雙重尖銳問題**，也就是一個問題不要拆開兩部分來問，否則就給對方選擇迴避問題的機會——在尖銳問題上，你應該不會希望得到這種結果。

如果你說：「這東西是價錢最低、品質最好的嗎？」這就是所謂的雙重問題。

在回答上述問題時，對方可以只談品質，而避免直接回答與價錢相關的問題。

案例：採購與廠商的對話

問：「如果我們答應採購，你可以準時送達嗎？」

答：「可以。」

問：「你已經賣好幾年了？」

答：「是的。」

問：「有良好的售後服務嗎？」

答：「有的。」

問：「一千兩百元已經是最低價了？」

答：「沒錯。」

問：「為什麼不能再便宜一點？」（單一尖銳問題）

最後一個問題會強迫對方選擇誠實回答，或是迅速編理由來證明價格的合理性。這或許會讓誠實的人感到不舒服，但很快就會恢復正常；而說謊者需要一點時間做心理準備才能重新恢復平靜——他們身邊全是說謊線索——除非對方已經多次說過相同的謊言。

最後提醒，無論你是在面試資深主管或員工，還是在談洗衣機價格或數百萬元的合約，若能成功找出說謊線索，除了能幫你省錢，還能少點心痛。

因為面試與談判並沒有特定說謊線索，為了盡可能保護個人利益，我建議讀者要把整本書讀完，並且在善用魔法測謊術的過程中，結合本書所提供的建議技巧。

第四章

重點整理

CHAPTER FOUR

說謊是人類的天性

- 說謊是人類溝通過程中正常的一部分，也是成長必經的過程，不需總以負面角度看待。
- 人們經常說謊，在對話過程中，平均每十分鐘就會出現一次謊言。
- 有時候為了顧及他人的感受，並且促進人際互動，說謊是有其必要性。但在某些場合，說謊也可能會破壞愛人與人之間的關係。
- 為他人而說的謊言，受騙者是特定對象，而且說謊者是出自好意，故又稱為「白色謊言」或「善意的謊言」。
- 為自己而說的謊言，受騙者可能是任何人，但說謊者通常是為了得到好處，或是為了保護自己。這類的謊言雖有少數情況無害，但也可能很陰險且具有傷害性。

辨識謊言的本能

- 人類天生就擅長說謊，但卻不擅於辨識謊言。
- 大部分的人在沒有經過訓練的前提下，即便是要經常判斷謊言的行業人員，正確的判斷率也只有百分之五十。
- 若具備特定知識加上練習，謊言辨識的準確率可高達百分之八十。
- 如果你經常使用個人的測謊雷達，謊言辨識技巧也會愈加熟練。但是，你不會想要時刻處在懷疑狀態。如果你能在需要時才適時使用此一能力，在使用技巧過程中才會更加專注。

- 有一類人是特殊的人肉測謊器（又稱測謊奇才），他們不需經過訓練，就具備高度準確判斷謊言的本能，準確率高達百分之八十以上。
- 大部分的人都認為自己可以輕易察覺配偶、小孩或好友是否說謊，但事實並非如此，主要原因有二：過度自信（因為太熟悉對方，以為肯定能看出異狀）與親密感（人性天生相信在情感上親密連結的人）。這兩點會導致一個人在一段親密關係中失去客觀性，進而忽視明顯的線索。
- 研究顯示，溝通過程中有百分之五十五的訊息是透過非語言行為（肢體動作或反應）進行，百分之三十八是透過聲音（表達方式），而只有百分之七是純粹透過語言文字（說話內容）。
- 儘管在辨識謊言的過程中不應完全忽視說話內容，但溝通過程中的表達方式以及說話者的肢體動作與反應更加重要。僅憑說話內容做出判斷非常不可靠。

- 準確的謊言判斷者會同時評估説話內容以及過程中所觀察到的一切細節。

説謊後的反應

- 普遍來看，説謊後的反應可分為三階段：

第一階段：情緒反應

説謊者意識到自己説謊後，會產生罪惡感、恐懼、壓力以及間歇性的亢奮，上述反應的輕重程度完全取決於謊言被揭穿的後果。舉例來説，小謊言的連帶情緒反應較小；而重大謊言，例如不貞、犯罪、欺騙換取商務合約或工作機會，最終都會產生明顯的情緒反應，輕易讓人查覺。

第二階段：交感神經反應

說謊者受到情緒（罪惡感、恐懼、壓力及亢奮）影響，會導致露出破綻，例如敲手指、坐立不安、語速加快、逃避眼神交流及眼神閃爍。

第三階段：認知反應

說謊者會採取反制措施來掩飾破綻。透過高傳導通道（說謊者容易控制的身體部位，例如手部或眼神交流）的行為較容易掩飾，不應忽視這些動作。然而，注意觀察不易控制的身體部位，例如瞳孔大小、下半身的肢體動作以及微表情會更有收穫。

- 如果情緒反應是恐懼（第一階段），說謊者可能會雙腳發抖（第二階段），進而試圖隱藏腿部動作（藏在桌底下或勾住椅腳），藉此偽裝其錯誤（第三階段）。
- 假設人類大腦可以支配一百元。在任何時候，人類大腦都有一百元可以支配，說謊者必須謹慎使用這筆錢，避免被他人查覺有益。如果他們在隱藏肢體動作的破綻方面投入過多金額，在言語解釋方面就會缺乏邏輯性。相反的，如果回答越縝密，表示說謊者越難有精力去隱藏充滿罪惡感的肢體語言。如果你再進一步追問，就有可能看到說謊者的心理瓦解，表現出一連串明顯的破綻。

偵測謊言五步驟——魔法測謊術

❶ 檢視動機：

對方是否有說謊動機。動機包括：避免尷尬、製造好印象、個人獲益、避免受罰。如果能保持客觀，準確度會越高。不要預設他人說謊的立場，請記住：對方或許有說謊動機，但他們也可能說實話。

❷ 提出控制問題，建立行為基準線：

你剛打開大腦的測謊雷達，透過控制問題觀察對方回答時的言語及行為——也就是對方說實話時的反應。這有助於建立行為基準線，花點時間做這件事，才能為接下來的觀察建立更可靠的基準點。

❸ 提出可疑問題：

要判斷他人是否說謊，首先得讓對方有機會說謊。你必須技巧性地提出一、二個可疑問題，最好是在日常普通對話中進行，才不會讓對方有機會隱藏說謊線索。

❹ 指標：

打從你提出控制問題、建立行為基準線時，說謊指標是否曾出現過？是否連續地出現在線索團中？如果這一切都是發生在回答可疑問題時，你就應該要開啟「測謊雷達」了。

❺ 再次檢查：

重新檢視。這步驟是要重複上述的四個步驟，驗證你所觀察到的線索團是否可信。如果你在類似的可疑問題中發現相似的線索團，你應該是抓到說謊者了。

說謊線索參考：手指頭、手、腿、腳部動作，或是肢體缺乏動作；說話方式改變，發音錯誤的情況增加、清喉嚨、誇張地吞口水或口吃；不一致的眼睛移動方式（假裝沒印象）；較少眼神交流或頻繁製造眼神交流的機會；鼻子癢；封閉的身體姿勢，往後靠或將雙臂交叉於胸前，形成保護牆；雙手擋在嘴巴或眼睛前；手貼在臉上，眨眼次數增加；身體行為與說出的話不一致（點頭贊成但嘴巴說不）；假裝疲憊、打呵欠；增加內容修飾與提供過度詳細的答案；以及與微表情不符。

說謊者的特徵——眼、鼻、口、微表情

先利用魔法測謊術五步驟，然後觀察對方眼睛。觀察眼睛時要注意的三件事：

眼神交流、眨眼頻率與眼睛移動方向。當你提出問題時，對方的眼睛應該會：

- 以橫向往右上方（你的右邊）移動，代表正在回想實際發生過的事情；由此可知，對方的回應內容是真實經歷過的事情；或者，以橫向往左下方（你的左邊）移動，代表心裡正在編造某些不曾看過或聽過的事情；由此可知回應內容是對方不曾親身看過或聽過的事情，是在編造、虛構故事情節。對慣用左手的人來說，上述模組中的眼睛移動方向與意義正好相反的。
- 可以藉由控制問題，詢問對方真實經歷過的事情，並藉此判斷方向。
- 有時一個人會直視前方，眼睛幾乎一動也不動，而且眼神看似毫無焦距。這是對方在回想真實事件的特徵。
- 此技巧不適用於所有人——決定一個人說謊前，尚需參考其他說謊特徵。
- 說謊者喜歡遮住嘴巴，有些人會摸鼻子，藉此用手暫時遮住嘴巴，但也可能是因為鼻腔組織充血而發癢。

- 真誠的笑容會牽動眼睛周圍肌肉，笑容的形成與消失都需要時間。表面的笑容最主要指牽動到嘴巴周圍的肌肉，形成與消失的速度都很快。
- 微表情是不經意迅速呈現的自然表情，有時看起來會像抽搐。一個人的微表情是無關文化與種族，人類的微表情，無論是快樂、悲傷、厭惡、蔑視、生氣、驚訝或恐懼，呈現方式都一樣，不會因人而異，故適用於所有人
- 微表情一閃即逝，短暫到連當事人也無法控制。微表情呈現一個人內心真正的情緒反應，表現速度快到無法隱藏。尋找微表情與陳述內容的落差。

說謊者的特徵——肢體語言

說謊者會採取反制措施。舉例來說，說謊者說謊時會刻意增加眼神交流機會或是減少身體動作。如果他們的行為與你建立的行為基準線出現矛盾，這即為反制措施，說明對方在說謊。

說謊者的特徵——語言線索

- 說謊者會避免使用「沒啊」之類的縮寫表達，而會傾向多加使用「我沒有」之類的完整表達。
- 部分說謊者在回答時會過度強調細節，或者像積極的推銷員般，努力說服你相信他們的清白。

• 尋找不一致的說話模式及語調。說謊者經常使用的訊息搭建詞彙包括……「再來我知道的就是……」、「不久後……」、「碰巧的是……」、「然而……」以及「然後……」。

說謊特徵簡易參考列表

本書不斷強調，你要觀察的說謊特徵，必須是對方在回答控制問題與可疑問題時都有出現過的相同行為，而你要尋找相同行為之間的差異性。某些說謊特徵增加，表示對方在說謊；某些說謊特徵減少，表示對方試圖隱藏罪惡感。舉例來說，某個說謊者在回答問題時可能會增加動作，而另一個說謊者可能會像雕像那樣一動也不動，試圖隱藏罪惡感。不一致的地方才是關鍵。建議觀察下列行為：

- 手指、手掌、腿、足部動作，或者不自然的停止動作。
- 說話模式改變——改變句子的時態。
- 發音錯誤增加。
- 說話方式缺乏流暢與自然。
- 因為認知負荷而重複問題，說謊者需要時間編造內容。

- 眼睛移動方式不一致，說明是在編造內容而非回想事實。
- 眼神交流的次數減少或增加。
- 眨眼緩慢或次數增加。
- 嘴唇乾燥。
- 嘴唇缺乏血色。
- 鼻子發癢（血液增加、刺激組織）。
- 身體往後靠，形成阻隔。
- 雙手、手臂或雙腿交叉。
- 身體動作生澀、僵硬且不自然。
- 緊壓嘴唇。
- 雙手擋在嘴巴或眼睛前面。
- 手貼在臉頰上，手指碰觸嘴巴邊緣。
- 不會指尖互搭，或者是將手貼在臉上。
- 清喉嚨。

- 口吃。
- 瞳孔放大。
- 說話內容與身體動作衝突。
- 假裝疲倦，例如假裝打呵欠。
- 不真誠的笑容。
- 呼吸短促、加速呼吸。
- 微表情與說話內容矛盾（例如：說謊者說「很高興看到你」，但出現「厭惡」的微表情）。
- 手貼在臉上，增加眨眼頻率。
- 呈現封閉的身體姿勢，或是假裝非常放鬆。
- 語言中出現訊息搭建。
- 語言缺乏連音。
- 過度詳細的回答內容。

BI7139

國際犯罪學專家教你分辨真偽、立破謊言【暢銷新版】

How to Become a Human Lie-Detector in Under 60 Minutes

原 著 書 名／How to Become a Human Lie-Detector in Under 60 Minutes
作　　　者／大衛・克雷格（David Craig）
責任編輯／韋孟岑
譯　　　者／張瓅文

版　　　權／黃淑敏、吳亭儀、江欣瑜
行 銷 業 務／黃崇華、賴正祐、周佑潔、張媖茜
總　編　輯／何宜珍
總　經　理／彭之琬
事業群總經理／黃淑貞
發　行　人／何飛鵬
法 律 顧 問／元禾法律事務所 王子文律師
出　　　版／商周出版
臺北市 104 中山區民生東路二段 141 號 9 樓
電話：(02) 2500-7008　傳真：(02) 2500-7759
E-mail：bwp.service@cite.com.tw
Blog：http://bwp25007008.pixnet.net./blog
發　　　行／英屬蓋曼群島商家庭傳媒股份有限公司城邦分公司
臺北市 104 中山區民生東路二段 141 號 2 樓
書虫客服專線：(02)2500-7718、(02) 2500-7719
服務時間：週一至週五上午 09:30-12:00；下午 13:30-17:00
24 小時傳真專線：(02) 2500-1990；(02) 2500-1991
劃 撥 帳 號／19863813　戶名：書虫股份有限公司
讀者服務信箱：service@readingclub.com.tw
城邦讀書花園：www.cite.com.tw
香港發行所／城邦（香港）出版集團有限公司
香港灣仔駱克道 193 號超商業中心 1 樓
電話：(852) 25086231 傳真：(852) 25789337
E-mailL：hkcite@biznetvigator.com
馬新發行所／城邦(馬新)出版集團【Cité (M) Sdn. Bhd】
41, Jalan Radin Anum, Bandar Baru Sri Petaling,
57000 Kuala Lumpur, Malaysia.
電話：(603)90578822　傳真：(603)90576622
E-mail：cite@cite.com.my
封 面 設 計／萬勝安
內 頁 排 版／季曉彤
印　　　刷／卡樂彩色製版印刷有限公司
經　銷　商／聯合發行股份有限公司　電話：(02)2917-8022
傳真：(02)2911-0053

線上版讀者回函卡

■ 2017 年（民 106）03 月 09 日初版
■ 2022 年（民 111）02 月 08 日二版
定　　價 350 元

Printed in Taiwan
著作權所有，翻印必究
城邦讀書花園
www.cite.com.tw

ISBN：978-626-318-146-5
ISBN：978-626-318-153-3 (EPUB)

Copyright ©2014, Marshall Cavendish International (Asia) Pte Ltd. All rights reserved. No part of this publication may be reproduced or transmitted in any form or by any means, or stored in any retrieval system of any nature without the prior written permission of Marshall Cavendish International (Asia) Pte Ltd.
Complex Chinese translation copyright © 2022 by Business Weekly Publications, a division of Cité Publishing Ltd.

國際犯罪學專家教你分辨真偽、立破謊言【暢銷新版】：掌握關鍵五步驟,潛臺詞、微表情、肢體語言、文字漏洞,瞬間現形/大衛.克雷格(David Craig)著；張瓅文譯. -- 二版. -- 臺北市：商周出版：英屬蓋曼群島商家庭傳媒股份有限公司城邦分公司發行, 民111.02
272面；14.8X21公分. -- (BI；7139)
譯自：how to become a human lie-detector in under 60 minutes
ISBN 978-626-318-146-5(平裝)

1.CST: 行為心理學 2.CST: 欺騙 3.CST: 說謊 4.CST: 肢體語言
176.8

111000260

Ideaman

Idea man